Eduardo Henrique de Carvalho Franklin

Priscilla Maria Barros de França

LEI GERAL DE PROTEÇÃO DE DADOS PESSOAIS COMENTADA

Dominando a Lei nº 13.709/2018

1ª Edição – 2021

Área específica

DIREITO DIGITAL

Público-alvo

ADVOGADOS, PROFESSORES DE DIREITO DIGITAL,
ESTUDANTES DE GRADUÇÃO E PÓS-GRADUAÇÃO DE
DIREITO, ADMINISTRAÇÃO E ECONOMIA, ÓRGÃOS
E ENTIDADES PÚBLICOS, E EMPRESÁRIOS

SUMÁRIO

CAPÍTULO I – DISPOSIÇÕES PRELIMINARES (ARTS. 1º A 6º)

Art. 1º Esta Lei dispõe sobre o tratamento de dados pessoais, inclusive nos meios digitais, por pessoa natural ou por pessoa jurídica de direito público ou privado, com o objetivo de proteger os direitos fundamentais de liberdade e de privacidade e o livre desenvolvimento da personalidade da pessoa natural.

Parágrafo único. As normas gerais contidas nesta Lei são de interesse nacional e devem ser observadas pela União, Estados, Distrito Federal e Municípios. (Incluído pela Lei nº 13.853, de 2019)

Primeiramente, o preceito estabelece o objeto a ser regulado pela Lei, qual seja, o tratamento de dados pessoais. O conceito de dado é definido em Tecnologia da Informação como fatos que podem ser gravados e possuem um significado implícito[1]. É, portanto, a representação de uma ideia, um conceito ou um elemento, através de signos, aptos a serem descritos, codificados, armazenados, resgatados e eliminados. A tais ações realizadas sob o dado, dá-se o nome de tratamento. Entretanto, de todos os fatos aptos a serem representados através de dados, o preceito delimita o subconjunto que será abordado: os dados pessoais.

De acordo com a Convenção 108 do Conselho da Europa, dado pessoal corresponde a "qualquer informação relativa a um indivíduo identificado ou identificável". A própria Lei irá, de igual forma, apresentar o conceito desta expressão em seu art. 5º, em uma clara referência à norma europeia. Rigorosamente, é um equívoco conceituar dado pessoal como uma espécie de informação, qual seja, aquela referente a um indivíduo identificado ou identificável. Isto porque a mera representação de um fato, desassociado do contexto sob o qual foi produzido, não é suficiente para se obter uma informação. Um número ("82") e uma cadeia de caracteres ("Saturno"), embora possuam um significado implícito, não são capazes de representar uma mensagem. Entretanto, quando esses dados são associados a um determinado contexto ("Saturno possui 82 luas"), tem-se uma informação. De todo modo, em que pese a importância da utilização apropriada dos termos científicos, na interpretação da norma, deve prevalecer o conceito expressamente adotado, podendo-se considerar, para este fim, tais termos como sinônimos.

O art. 1º da Lei Geral de Proteção de Dados Pessoais (LGPD) indica que o tratamento dos dados pessoais abarca aqueles realizados em meios digitais. É possível que determinada organização utilize, por exemplo, um banco de dados relacional, em que os dados são armazenados em registros de tabelas interrelacionadas, utilizando-se técnicas que promovam redução de volume e aumento de eficiência. Evidentemente, esta não é a única forma de armazenar dados pessoais. É bem possível que a escolha seja realizar anotações em um caderno e guardá-lo em uma gaveta qualquer. De todo modo, seja qual for a tecnologia utilizada, devem ser observados os dispositivos da Lei.

Em seguida, são descritos os destinatários da norma: a pessoa natural ou a pessoa jurídica de direito público ou privado. Assim, todos nós, seres humanos, como pessoas naturais, estamos sujeitos aos dispositivos da Lei – desde que decidamos tratar dados pessoais de outrem. De igual modo, a norma deve ser observada por pessoa jurídica que realize tal atividade, o que inclui: a) pessoas jurídicas de direito público interno (a União, os Estados, o Distrito Federal e os Territórios; os Municípios; as autarquias, inclusive as associações públicas, e as demais entidades de caráter público criadas por lei); b) pessoas jurídicas de direito privado (as associações; as sociedades; as fundações; as organizações religiosas; os partidos políticos; as empresas individuais de responsabilidade limitada).

Em seguida, é apresentado o objetivo da Lei, que é proteger os direitos fundamentais de liberdade e de privacidade e o livre desenvolvimento da personalidade da pessoa natural. A análise do dispositivo não pode ser outra senão a obtida através das lentes do Direito Constitucional.

O direito fundamental de liberdade é constitucionalmente protegido e assegurado aos brasileiros e aos estrangeiros residentes no país, nos termos do art. 5º da Constituição Federal (CF) de 1988. É inquestionável que o direito à liberdade abarca uma ampla gama de proteções. Para José Afonso da Silva[2], é possível distinguir cinco grandes grupos de formas da liberdade: (1) liberdade da pessoa física; (2) liberdade de pensamento; (3) liberdade de expressão coletiva; (4) liberdade de ação profissional e (5) liberdade de conteúdo econômico e social. A matriz das liberdades residiria no princípio da legalidade, que estabelece que ninguém será obrigado a fazer ou deixar de fazer alguma coisa senão em virtude de lei, nos termos do art. 5º, II, da CF/88. A proteção dos dados pessoais, sem dúvida, permeia diversas liberdades, por tratar-se de verdadeira garantia de preservação de suas informações pessoais durante a atuação do indivíduo nos mais diversos contextos. É, portanto, uma salvaguarda para o exercício das liberdades. O indivíduo poderá locomover-se livremente como pessoa física e exigir o devido tratamento dos dados que registram sua trajetória; poderá atuar profissionalmente e exigir o devido tratamento de seu registro funcional, e poderá atuar livremente como consumidor e exigir o devido tratamento de seu perfil econômico.

A Constituição Federal, no art. 5º, X, garantiu a proteção à privacidade, ao estabelecer que são invioláveis a intimidade, a vida privada, a honra e a imagem das pessoas, assegurado o direito à indenização pelo dano material ou moral decorrente de sua violação. Em que pesem as dificuldades de estabelecer-se uma definição precisa, Gilmar Ferreira Mendes[3] indica que, de modo geral, há consenso em que o direito à privacidade tem por característica básica a pretensão de estar separado de grupos, mantendo-se o indivíduo livre da observação de outras pessoas. O constitucionalista associa ainda tal direito ao usufruto do anonimato — que será respeitado quando o indivíduo estiver livre de identificação e de fiscalização. Dessa forma, não é difícil perceber que, de fato, a proteção dos dados pessoais é requisito para a proteção da privacidade dos indivíduos.

A conexão entre o direito à privacidade e o livre desenvolvimento da personalidade da pessoa natural também é apresentada por Gilmar Ferreira Mendes[4], para quem o termo "vida privada" se estende para além do mero "direito de viver como se quer, livre de publicidade, para incluir também o direito de estabelecer e desenvolver relações com outros seres humanos, especialmente no campo emocional, para o desenvolvimento da própria personalidade".

O parágrafo único, incluído pela Lei nº 13.853/2019, reafirma o que já fora previsto no *caput*, ao classificar a norma como Lei nacional. Ora, ao incluir pessoa jurídica de direito público no rol de destinatários, a norma já exigia sua observância por todos os entes federados. De todo modo, a alteração normativa deixa claro que não se trata de norma imposta apenas à União, por se tratar, mais uma vez, de Lei nacional.

◆ ◆ ◆

Art. 2º A disciplina da proteção de dados pessoais tem como fundamentos:

I - o respeito à privacidade;

II - a autodeterminação informativa;

III - a liberdade de expressão, de informação, de comunicação e de opinião;

IV - a inviolabilidade da intimidade, da honra e da imagem;

V - o desenvolvimento econômico e tecnológico e a inovação;

VI - a livre iniciativa, a livre concorrência e a defesa do consumi-

dor; e

VII - os direitos humanos, o livre desenvolvimento da personalidade, a dignidade e o exercício da cidadania pelas pessoas naturais.

A enumeração dos fundamentos da disciplina de proteção de dados indica quais os pilares, ou as premissas fundamentais, sobre os quais foram construídos os direitos e deveres que se seguirão. O primeiro deles, o respeito à privacidade, como vimos é também mencionado como objetivo da Lei. Refere-se, portanto, à garantia constitucional de proteção da vida íntima e privada do indivíduo, a quem cabe decidir quando, onde e com quem compartilhar suas informações particulares.

O fundamento da autodeterminação informativa coloca o indivíduo como protagonista no processo de tratamento de seus dados. Em outras palavras, trata-se de atribuir ao indivíduo o controle de seus dados, isto é, o poder decisório a respeito da sua utilização e divulgação. É o reconhecimento de que, caso não se saiba em que medida os dados pessoais são controlados por outrem, tem-se por resultado uma limitação do direito fundamental à liberdade, permeada por manipulações da realidade, em uma clara desvantagem ao sujeito a cujo dados fazem referência. Trata-se, em suma, de atribuir ao indivíduo a tomada de decisão a respeito dos seus dados pessoais.

A liberdade de expressão, de informação, de comunicação e de opinião compõe vieses do direito à liberdade constitucionalmente assegurado. A liberdade de expressão encontra amparo no art. 5º, IV, da CF/88, que dispõe que é livre a manifestação do pensamento, sendo vedado o anonimato. A liberdade de informação é tratada no art. 5º, XIV, da CF/88, que estabelece que é assegurado a todos o acesso à informação e resguardado o sigilo da fonte, quando necessário ao exercício profissional. A liberdade de comunicação pode ser compreendida como espécie da liberdade de expressão, caracterizada pelo enfoque na transmissão do conteúdo da mensagem. Vale lembrar, ainda, que o direito à expressão pressupõe o direito a manter-se silente, e a não se expressar. Finalmente, é reconhecido o direito à opinião, como proteção tanto do pensamento próprio quanto da externalização de suas ideias. É ainda prevista na Constituição Federal a vedação à censura. Nesse sentido, dispõe o art. 5º, IX, da CF/88 que é livre a expressão da atividade intelectual, artística, científica e de comunicação, independentemente de censura ou licença. Em suma, as liberdades que abarcam a reflexão e a transmissão de ideias apresentam conexão com a autonomia dos indivíduos em dispor de seus dados pessoais, consubstanciada, conforme já exposto, na autodeterminação informacional.

Novamente, em uma reprodução do art. 5º, X, da CF/88, é feita uma referência à privacidade, ao tratar-se da inviolabilidade da intimidade, da honra e da imagem. Nesse sentido, pode-se mencionar a teoria dos círculos concêntricos de Heinrich Henkel. O jurista alemão desenvolveu um modelo de três círculos concêntricos, cada um deles representando graus de privacidade. Na camada superficial, estaria o círculo da vida privada em sentido restrito, que delimita os eventos que o indivíduo não deseja que se tornem públicos. Externo a este, estariam todos os dados e informações amplamente acessíveis a todos. Em um grau intermediário, estaria o círculo da intimidade, delimitando as informações disponíveis apenas a um grupo limitado de pessoas, que possuem vínculo relevante com o indivíduo. O último círculo, mais interno, é aquele do segredo, em que se situam os fatos e eventos guardados em maior grau de sigilo pelo indivíduo. Nesse contexto, ao estabelecer a inviolabilidade da intimidade como fundamento da proteção de dados pessoais, é interessante observar, na aplicação da norma, o tipo de dado que se encontra sob proteção legal, de modo a intensificar as medidas protetivas de acordo com o grau de privacidade em que é classificado, sob pena de acarretar dano à honra e à imagem do indivíduo.

O desenvolvimento econômico e tecnológico e a inovação também constituem fundamentos da proteção de dados pessoais, o que representa estímulo para que o desenvolvimento de novas tecnologias e modelos de negócio inovadores considerem, como requisitos de projetos, a garantia da proteção de dados pessoais.

Ao tempo que as soluções passam a ser progressivamente integradas, com maior exposição de dados dos consumidores e usuários, há de se considerar que são imprescindíveis os esforços na promoção de segurança da informação. Há ainda que se considerar um planejamento adequado para minimizar os impactos socioeconômicos de eventual vazamento de dados, como forma de preservar o próprio modelo de negócio.

Em uma referência às normas constitucionais relativas à ordem econômica e financeira, a Lei reflete o disposto no art. 170 da CF/88, ao estabelecer que são fundamentos da proteção dos dados pessoais a livre iniciativa, a livre concorrência e a defesa do consumidor. A livre iniciativa estabelece que, para haver uma alocação eficiente de recursos, basta que naturalmente o mercado alcance o equilíbrio entre oferta e demanda. A ideia foi desenvolvida por Adam Smith, que defendia que, quando todos os agentes buscam a maximização de seu lucro, o resultado é o melhor bem-estar para toda a comunidade. Há de se considerar, entretanto, que, diante da incapacidade de mercados não regulados alcançarem uma distribuição ótima de recursos (em virtude de falhas de mercado), é necessária a relativização da livre iniciativa e o desenvolvimento da regulação estatal. Por sua vez, a livre concorrência busca assegurar que os agentes do mercado atuem regularmente, sem valer-se de estratégias ilegais para maximização do lucro e dominação do mercado, tais como o abuso do poder econômico. Para Leonardo Figueredo[5], o princípio da livre concorrência trata da proteção conferida pelo Estado ao devido processo competitivo em sua Ordem Econômica, a fim de garantir que toda e qualquer pessoa que esteja em condições de participar do ciclo econômico de determinado nicho de nossa economia dele possa, livremente, entrar, permanecer e sair, sem qualquer interferência oriunda de interesse de terceiros. Com relação à defesa do consumidor, trata-se de direito fundamental (art. 5º, XXXII, da CF/88) e princípio geral da ordem econômica (art. 170, V, da CF/88), cujo objetivo é, em apertada síntese, a preservação da regularidade na relação entre consumidores e fornecedores, diante da hipossuficiência dos primeiros. Todos os aspectos citados, referentes à ordem econômica e financeira constitucionalmente protegida, possuem estreitos laços com a preservação de dados pessoais. O uso indevido de dados pessoais pode estar associado a infrações à ordem econômica, nos termos do art. 36 da Lei de Proteção à Concorrência, tais como a limitação da livre concorrência ou da livre iniciativa; o domínio de mercado relevante de bens e serviços; o aumento arbitrário dos lucros e o exercício de forma abusiva de posição dominante.

Finalmente, são fundamentos da disciplina de proteção de dados os direitos humanos, o livre desenvolvimento da personalidade, a dignidade e o exercício da cidadania pelas pessoas naturais. Conforme Ingo Sarlet[6], a explicação corriqueira e, diga-se de passagem, procedente para a distinção é de que o termo "direitos fundamentais" se aplica para aqueles direitos do ser humano reconhecidos e positivados na esfera do direito constitucional positivo de determinado Estado, ao passo que a expressão "direitos humanos" guardaria relação com os documentos de direito internacional, por referir-se àquelas posições jurídicas que se reconhecem ao ser humano como tal, independentemente de sua vinculação com determinada ordem constitucional, e que, portanto, aspiram à validade universal, para todos os povos e tempos, de tal sorte que revelam um inequívoco caráter supranacional (internacional). O constitucionalista defende que os direitos humanos (como direitos inerentes à própria condição e dignidade humana) acabam sendo transformados em direitos fundamentais pelo modelo positivista, incorporando-os ao sistema de direito positivo como elementos essenciais, visto que, apenas mediante um processo de "fundamentalização" (precisamente pela incorporação às constituições), os direitos naturais e inalienáveis da pessoa adquirem a hierarquia jurídica e seu caráter vinculante em relação a todos os poderes constituídos no âmbito de um Estado Constitucional. A norma destaca ainda, em particular, o desenvolvimento da personalidade, a dignidade e a cidadania como direitos humanos de particular relevância para a disciplina de proteção de dados. Sem dúvida, uma vez que os dados pessoais são nada mais que a representação da própria personalidade do indivíduo, a sua proteção é requisito para a plenitude de sua dignidade e cidadania.

◆ ◆ ◆

Art. 3º Esta Lei aplica-se a qualquer operação de tratamento realizada por pessoa natural ou por pessoa jurídica de direito público ou privado, independentemente do meio, do país de sua sede ou do país onde estejam localizados os dados, desde que:

I - a operação de tratamento seja realizada no território nacional;

II - a atividade de tratamento tenha por objetivo a oferta ou o fornecimento de bens ou serviços ou o tratamento de dados de indivíduos localizados no território nacional; ou (Redação dada pela Lei nº 13.853, de 2019)

III - os dados pessoais objeto do tratamento tenham sido coletados no território nacional.

§ 1º Consideram-se coletados no território nacional os dados pessoais cujo titular nele se encontre no momento da coleta.

§ 2º Excetua-se do disposto no inciso I deste artigo o tratamento de dados previsto no inciso IV do caput do art. 4º desta Lei.

A LGPD, por ser classificada como Lei nacional, tem vigência em todo o território brasileiro. Assim, o art. 3º, I, estabelece que a norma deve ser aplicada quando a operação de tratamento for realizada em território nacional.

Não obstante, em determinadas situações, previstas no art. 3º, II, ainda que a operação de tratamento seja realizada além dos limites territoriais do país, a Lei impõe a sua aplicação extraterritorial. É o que acontece quando o objetivo do tratamento seja a oferta ou o fornecimento de bens ou serviços em território nacional; ou quando está no país o titular dos dados.

O art. 3º, III, apresenta uma última situação, caracterizada quando os dados pessoais a serem tratados forem coletados em território nacional – estando o titular igualmente dentro do país no momento da coleta (art. 3º, § 1º). Observe que, neste caso, a coleta dos dados em território nacional impõe a observância da norma durante todo o tratamento de dados, ainda que seja realizado fora do país. Por fim, uma ressalva: o artigo seguinte tratará de situações que excepcionam a aplicação da norma, devendo, portanto, ser interpretado conjuntamente.

◆ ◆ ◆

Art. 4º Esta Lei não se aplica ao tratamento de dados pessoais:

I - realizado por pessoa natural para fins exclusivamente particulares e não econômicos;

II - realizado para fins exclusivamente:

a) jornalístico e artísticos; ou

b) acadêmicos, aplicando-se a esta hipótese os arts. 7º e 11 desta Lei;

III - realizado para fins exclusivos de:

a) segurança pública;

b) defesa nacional;

c) segurança do Estado; ou

d) atividades de investigação e repressão de infrações penais; ou

IV - provenientes de fora do território nacional e que não sejam objeto de comunicação, uso compartilhado de dados com agentes de tratamento brasileiros ou objeto de transferência internacional de dados com outro país que não o de proveniência, desde que o país de proveniência proporcione grau de proteção de dados pessoais adequado ao previsto nesta Lei.

§ 1º O tratamento de dados pessoais previsto no inciso III será regido por legislação específica, que deverá prever medidas proporcionais e estritamente necessárias ao atendimento do interesse público, observados o devido processo legal, os princípios gerais de proteção e os direitos do titular previstos nesta Lei.

§ 2º É vedado o tratamento dos dados a que se refere o inciso III do caput deste artigo por pessoa de direito privado, exceto em procedimentos sob tutela de pessoa jurídica de direito público, que serão objeto de informe específico à autoridade nacional e que deverão observar a limitação imposta no § 4º deste artigo.

§ 3º A autoridade nacional emitirá opiniões técnicas ou re-

comendações referentes às exceções previstas no inciso III do caput deste artigo e deverá solicitar aos responsáveis relatórios de impacto à proteção de dados pessoais.

§ 4º Em nenhum caso a totalidade dos dados pessoais de banco de dados de que trata o inciso III do caput deste artigo poderá ser tratada por pessoa de direito privado, salvo por aquela que possua capital integralmente constituído pelo poder público. (Redação dada pela Lei nº 13.853, de 2019)

A regulação de proteção de dados pessoais é consequência da proteção constitucional à intimidade e à vida privada que, como parte do catálogo de direitos fundamentais, alcança a atividade legislativa, impondo a concretização das normas programáticas da Carta Magna. Todavia, sua observância não deve ocorrer de forma irrestrita. Seus limites encontram-se na colisão de direitos fundamentais, conforme lição de Robert Alexy[7].

O preceito em análise pretende delimitar o escopo de aplicabilidade da Lei a partir da finalidade da atividade de tratamento dos dados pessoais. Como fundamento das limitações, encontram-se colisões entre o direito da proteção à vida privada e direito fundamental diverso. É interessante a observação de Indra Spiecker[8] sobre o tema: quem tem a finalidade de difundir dados costuma se sentir limitado pela proteção de dados; quem exerce ativamente seus direitos de personalidade considera-se restringido nesse exercício pela difusão de informação.

A identificação de cada uma das colisões que justificam as limitações desta Lei foi realizada em detalhes por Joyceane de Menezes e Hian Colaço[9]. Suas ideias são reproduzidas a seguir, de forma sumarizada:

a) Em relação ao tratamento realizado por pessoa natural para fins exclusivamente particulares e não econômicos, trata-se de uma ponderação da aplicação do próprio princípio da privacidade. Conforme Joyceane de Menezes e Hian Colaço[10], a comunicação humana não se faz sem a troca de informações e, quando essa interação se dá entre sujeitos paritários, no âmbito das relações pessoais, sem finalidade econômica ou profissional, estima-se que não haverá grande assimetria de informações.

b) Quanto ao tratamento para fins jornalístico e artísticos, os autores[11] destacam que a opção do Estado Brasileiro é tratar o abuso de autoridade de imprensa por meio de um controle *a posteriori*, fazendo emergir providências como o direito de resposta do agravado, sem prejuízo de eventuais danos morais e materiais causados por terceiros. Trata-se, portanto, de uma colisão com o princípio da liberdade de expressão.

c) Quanto ao tratamento para fins acadêmicos, os autores[12] destacam que, segundo o art. 218, o desenvolvimento do conhecimento e da pesquisa científica é de interesse fundamental do Estado brasileiro. Trata-se, portanto, de limitação em virtude do desenvolvimento científico.

d) Em seguida, há a limitação da aplicação em relação ao tratamento para fins de segurança pública; defesa nacional; segurança do Estado; atividades de investigação e repressão de infrações penais. Os autores[13] destacam que a limitação visa à garantia desses interesses públicos e ao combate às infrações penais, ao crime organizado, à fraude digital e ao terrorismo. Trata-se, portanto, de colisão entre o direito fundamental à privacidade e bens coletivos relacionados à segurança pública. A situação é classificada como colisão de direitos fundamentais em sentido amplo, conforme doutrina de Robert Alexy[14].

◆ ◆ ◆

Art. 5º Para os fins desta Lei, considera-se:

I - dado pessoal: informação relacionada a pessoa natural identificada ou identificável;

II - dado pessoal sensível: dado pessoal sobre origem racial ou étnica, convicção religiosa, opinião política, filiação a sindicato ou a organização de caráter religioso, filosófico ou político, dado referente à saúde ou à vida sexual, dado genético ou biométrico, quando vin-

culado a uma pessoa natural;

III - dado anonimizado: dado relativo a titular que não possa ser identificado, considerando a utilização de meios técnicos razoáveis e disponíveis na ocasião de seu tratamento;

IV - banco de dados: conjunto estruturado de dados pessoais, estabelecido em um ou em vários locais, em suporte eletrônico ou físico;

V - titular: pessoa natural a quem se referem os dados pessoais que são objeto de tratamento;

VI - controlador: pessoa natural ou jurídica, de direito público ou privado, a quem competem as decisões referentes ao tratamento de dados pessoais;

VII - operador: pessoa natural ou jurídica, de direito público ou privado, que realiza o tratamento de dados pessoais em nome do controlador;

VIII - encarregado: pessoa indicada pelo controlador e operador para atuar como canal de comunicação entre o controlador, os titulares dos dados e a Autoridade Nacional de Proteção de Dados (ANPD); (Redação dada pela Lei nº 13.853, de 2019)

IX - agentes de tratamento: o controlador e o operador;

X - tratamento: toda operação realizada com dados pessoais, como as que se referem a coleta, produção, recepção, classificação, utilização, acesso, reprodução, transmissão, distribuição, processamento, arquivamento, armazenamento, eliminação, avaliação ou controle da informação, modificação, comunicação, transferência, difusão ou extração;

XI - anonimização: utilização de meios técnicos razoáveis e disponíveis no momento do tratamento, por meio dos quais um dado perde a possibilidade de associação, direta ou indireta, a um indivíduo;

XII - consentimento: manifestação livre, informada e inequívoca pela qual o titular concorda com o tratamento de seus dados pessoais para uma finalidade determinada;

XIII - bloqueio: suspensão temporária de qualquer operação de tratamento, mediante guarda do dado pessoal ou do banco de dados;

XIV - eliminação: exclusão de dado ou de conjunto de dados armazenados em banco de dados, independentemente do procedi-

mento empregado;

XV - transferência internacional de dados: transferência de dados pessoais para país estrangeiro ou organismo internacional do qual o país seja membro;

XVI - uso compartilhado de dados: comunicação, difusão, transferência internacional, interconexão de dados pessoais ou tratamento compartilhado de bancos de dados pessoais por órgãos e entidades públicos no cumprimento de suas competências legais, ou entre esses e entes privados, reciprocamente, com autorização específica, para uma ou mais modalidades de tratamento permitidas por esses entes públicos, ou entre entes privados;

XVII - relatório de impacto à proteção de dados pessoais: documentação do controlador que contém a descrição dos processos de tratamento de dados pessoais que podem gerar riscos às liberdades civis e aos direitos fundamentais, bem como medidas, salvaguardas e mecanismos de mitigação de risco;

XVIII - órgão de pesquisa: órgão ou entidade da administração pública direta ou indireta ou pessoa jurídica de direito privado sem fins lucrativos legalmente constituída sob as leis brasileiras, com sede e foro no País, que inclua em sua missão institucional ou em seu objetivo social ou estatutário a pesquisa básica ou aplicada de caráter histórico, científico, tecnológico ou estatístico; e (Redação dada pela Lei nº 13.853, de 2019)

XIX - autoridade nacional: órgão da administração pública responsável por zelar, implementar e fiscalizar o cumprimento desta Lei em todo o território nacional. (Redação dada pela Lei nº 13.853, de 2019)

A Lei apresenta uma lista de termos e suas respectivas definições, em uma tentativa de promover a clareza de seus dispositivos, bem como de assegurar sua correta interpretação e aplicação. Nesse sentido, inicia promovendo esclarecimentos a respeito do conceito de dados pessoais, restringindo-o àqueles referentes à pessoa natural. Neste ponto, há uma exclusão implícita da aplicabilidade da Lei ao tratamento de dados de pessoa jurídica. O tema é de destacada relevância, por ser notória a necessidade de se garantir, igualmente, o adequado tratamento dos dados relativos a associações, sociedades, fundações, organizações religiosas, partidos políticos, e empresas individuais de responsabilidade limitada. Há de se considerar, ainda, que o art. 52 do Código Civil estabelece que se aplica às pessoas jurídicas, no que couber, a proteção dos direitos da personalidade. Ainda, conforme a Súmula n. 227 do STJ, a pessoa jurídica pode sofrer dano moral. O posicionamento é corroborado pela doutrina francesa, sendo pertinente citar os ensinamentos de Viney[15]:

> *"A proteção dos atributos morais da personalidade para a propositura de ação de responsabilidade não está reservada somente às pessoas físicas. Aos grupos personalizados tem sido admitido o uso dessa via para proteger seu direito ao nome ou para obter a condenação de autores de propostas escritas ou atos tendentes à ruína de sua reputação. A pessoa moral pode mesmo reivindicar a proteção, senão de sua vida privada, ao menos do segredo dos negócios."*

Seria compatível com a evolução doutrinária e jurisprudencial, portanto, a ampliação do escopo de abrangência da Lei, de modo a proteger igualmente os dados de pessoas jurídicas, assegurando seu regular tratamento. De todo modo, diante dos riscos de exposição de pessoa jurídica a dano moral, bem como do reconhecimento dos direitos de personalidade de pessoa jurídica, é prudente que o tratamento dos dados de pessoa jurídica observe, por analogia, as normas dispostas na LGPD.

Ainda em relação aos dados pessoais, podem ser relativos à pessoa identificada ou identificável. Assim, ainda que não esteja esclarecida a identidade do titular, a efetiva possibilidade de identificação implica a aplicação da LGPD no tratamento dos dados, ou seja, em toda operação realizada com dados pessoais, conforme o Capítulo II. Agrupa ainda um conjunto de dados que merecem especial proteção sob a categoria de dados pessoais sensíveis. Trata-se de dados que refletem características, pensamentos ou condições posicionadas em maior grau de privacidade. É o caso de dado pessoal sobre origem racial ou étnica, convicção religiosa, opinião política, filiação a sindicato ou a organização de caráter religioso, filosófico ou político, dado referente à saúde ou à vida sexual, dado genético ou biométrico, quando vinculado a uma pessoa natural. Por outro lado, dados de titularidade desconhecida ou anônima são classificados como dados anonimizados. O processo de conversão de um dado pessoal para anonimizado, com a eliminação do vínculo entre o dado e o indivíduo a quem se refere, é denominado anonimização.

Ao tratar de banco de dados, a Lei restringe seu conteúdo a dados pessoais, isto é, referentes a um indivíduo o qual denomina titular, cujos direitos constam no Capítulo III. A tecnologia utilizada para armazenamento de dados é irrelevante para a aplicação da Lei, podendo se tratar de dados digitais ou mesmo documentos físicos.

Em seguida, a lei define os agentes de tratamento, que são o controlador e o operador. O primeiro é o tomador de decisões; entre suas competências, está a elaboração do relatório de impacto à proteção dos dados pessoais, com a indicação dos riscos do processo e a forma de gerenciá-los. O segundo é aquele que realiza o tratamento de dados pessoais. Há ainda um terceiro agente, denominado encarregado, que não participa propriamente do tratamento dos dados, mas atua como canal de comunicação entre o controlador, os titulares dos dados e a Autoridade Nacional de Proteção de Dados (ANPD). O Capítulo VI será dedicado a descrever as atribuições desses agentes.

Alguns dos termos apresentados são importantes para a operação de tratamento dos dados. O consentimento refere-se à concordância do titular quanto ao tratamento de seus dados. O bloqueio é a suspensão do tratamento dos dados, enquanto a sua exclusão é denominada eliminação.

O uso compartilhado de dados refere-se ao seu compartilhamento envolvendo órgãos públicos ou entes privados. Entre as espécies de compartilhamento, há a transferência internacional de dados, figurando como destinatário país estrangeiro ou organismo internacional do qual o país seja membro. A transferência internacional de dados é regulada no Capítulo V.

Também há a descrição de duas espécies de órgãos da Administração Pública, quais sejam, os órgãos de pesquisa (básica ou aplicada de caráter histórico, científico, tecnológico ou estatístico) e a autoridade nacional. O tratamento de dados pessoais pelo Poder Público é regulado pelo Capítulo IV; e a criação e a organização da Autoridade Nacional de Proteção de Dados (ANPD) constam no Capítulo IX.

◆ ◆ ◆

Art. 6º As atividades de tratamento de dados pessoais deverão observar a boa-fé e os seguintes princípios:

I - finalidade: realização do tratamento para propósitos legítimos, específicos, explícitos e informados ao titular, sem possibilidade de tratamento posterior de forma incompatível com essas finalidades;

II - adequação: compatibilidade do tratamento com as finalidades informadas ao titular, de acordo com o contexto do tratamento;

III - necessidade: limitação do tratamento ao mínimo necessário para a realização de suas finalidades, com abrangência dos dados pertinentes, proporcionais e não excessivos em relação às finalidades do tratamento de dados;

IV - livre acesso: garantia, aos titulares, de consulta facilitada e gratuita sobre a forma e a duração do tratamento, bem como sobre a integralidade de seus dados pessoais;

V - qualidade dos dados: garantia, aos titulares, de exatidão, clareza, relevância e atualização dos dados, de acordo com a necessidade e para o cumprimento da finalidade de seu tratamento;

VI - transparência: garantia, aos titulares, de informações claras, precisas e facilmente acessíveis sobre a realização do tratamento e os respectivos agentes de tratamento, observados os segredos comercial e industrial;

VII - segurança: utilização de medidas técnicas e administrativas aptas a proteger os dados pessoais de acessos não autorizados e de situações acidentais ou ilícitas de destruição, perda, alteração, comunicação ou difusão;

VIII - prevenção: adoção de medidas para prevenir a ocorrência de danos em virtude do tratamento de dados pessoais;

IX - não discriminação: impossibilidade de realização do tratamento para fins discriminatórios ilícitos ou abusivos;

X - responsabilização e prestação de contas: demonstração, pelo agente, da adoção de medidas eficazes e capazes de comprovar a observância e o cumprimento das normas de proteção de dados pessoais e, inclusive, da eficácia dessas medidas.

O Capítulo I se encerra com um inconveniente rol de dez princípios que, em tese, orientam a atividade de tratamento de dados. Entre os administrativistas, já avança a preocupação em se evitar a utilização de valores abstratos como motivação para decisão, muitas vezes tomada com base em critérios subjetivos. É o que Carlos Ari Sundfeld denomina de farra dos princípios[16]. A questão foi ponto central no desenvolvimento de normas de direito público na Lei de Introdução ao Direito Brasileiro. Assim, dispõe o art. 20 da Lei de Introdução às Normas do Direito Brasileiro (LINDB) que, nas esferas administrativa, controladora e judicial, não se decidirá com base em valores jurídicos abstratos sem que sejam consideradas as consequências práticas da decisão. Para Edilson Pereira Nobre Júnior, é preciso se vislumbrar que a regra em comento objetiva, precipuamente, impedir soluções interpretativas nas quais predomine de forma soberana e caprichosa as convicções pessoais do aplicador do Direito em detrimento da realidade objetiva que envolve a relação jurídico-administrativa[17].

CAPÍTULO II – DO TRATAMENTO DE DADOS PESSOAIS (ARTS. 7º A 16)

Seção I
Dos Requisitos para o Tratamento de Dados Pessoais

Art. 7º O tratamento de dados pessoais somente poderá ser realizado nas seguintes hipóteses:

I - mediante o fornecimento de consentimento pelo titular;

II - para o cumprimento de obrigação legal ou regulatória pelo controlador;

III - pela administração pública, para o tratamento e uso compartilhado de dados necessários à execução de políticas públicas previstas em leis e regulamentos ou respaldadas em contratos, convênios ou instrumentos congêneres, observadas as disposições do Capítulo IV desta Lei;

IV - para a realização de estudos por órgão de pesquisa, garantida, sempre que possível, a anonimização dos dados pessoais;

V - quando necessário para a execução de contrato ou de procedimentos preliminares relacionados a contrato do qual seja parte o titular, a pedido do titular dos dados;

VI - para o exercício regular de direitos em processo judicial, administrativo ou arbitral, esse último nos termos da Lei nº 9.307, de 23 de setembro de 1996 (Lei de Arbitragem);

VII - para a proteção da vida ou da incolumidade física do titular ou de terceiro;

VIII - para a tutela da saúde, exclusivamente, em procedimento realizado por profissionais de saúde, serviços de saúde ou autoridade sanitária; (Redação dada pela Lei nº 13.853, de 2019)

IX - quando necessário para atender aos interesses legítimos do controlador ou de terceiro, exceto no caso de prevalecerem direitos e liberdades fundamentais do titular que exijam a proteção dos dados pessoais; ou

X - para a proteção do crédito, inclusive quanto ao disposto na legislação pertinente.

§ 1º (Revogado). (Redação dada pela Lei nº 13.853, de 2019)

§ 2º (Revogado). (Redação dada pela Lei nº 13.853, de 2019)

§ 3º O tratamento de dados pessoais cujo acesso é público deve considerar a finalidade, a boa-fé e o interesse público que justificaram sua disponibilização.

§ 4º É dispensada a exigência do consentimento previsto no caput deste artigo para os dados tornados manifestamente públicos pelo titular, resguardados os direitos do titular e os princípios previstos nesta Lei.

§ 5º O controlador que obteve o consentimento referido no inciso I do caput deste artigo que necessitar comunicar ou compartilhar dados pessoais com outros controladores deverá obter consentimento específico do titular para esse fim, ressalvadas as hipóteses de dispensa do consentimento previstas nesta Lei.

§ 6º A eventual dispensa da exigência do consentimento não desobriga os agentes de tratamento das demais obrigações previstas nesta Lei, especialmente da observância dos princípios gerais e da garantia dos direitos do titular.

§ 7º O tratamento posterior dos dados pessoais a que se referem os §§ 3º e 4º deste artigo poderá ser realizado para novas finalidades, desde que observados os propósitos legítimos e específicos para o novo tratamento e a preservação dos direitos do titular, assim como os fundamentos e os princípios previstos nesta Lei. (Incluído pela Lei nº 13.853, de 2019)

Ao tratar dos requisitos para o tratamento de dados pessoais, a Lei apresenta um rol exaustivo de hipóteses que autorizam a atividade, não havendo margem para interpretações extensivas que abarquem novas condições. Assim, o tratamento de dados pessoais em situações não previstas no artigo em análise é ilegal, sendo cabível a apuração de responsabilidade e o ressarcimento de danos, conforme será estabelecido no art. 42 e seguintes. Portanto, aquele que pretende realizar operações com dados pessoais de outrem deve, previamente, assegurar-se de que possui evidências suficientes para comprovar a regularidade de seus atos.

A hipótese inicial é o fornecimento de consentimento do titular. Trata-se de consequência direta do fundamento da auto-determinação informativa. Em relação à natureza jurídica do consentimento, trata-se de ato jurídico lícito, unilateral, discricionário e que pode figurar como condição para tratamento de dados. Uma vez que o titular possui o poder decisório em relação ao uso de seus dados pessoais, apenas ele poderá fornecer o consentimento necessário à operação. Neste ponto, é importante especial atenção, visto que há requisitos formais para que o consentimento seja considerado válido, conforme previsto no art. 8º. O poder decisório do titular autoriza, inclusive, tornar públicos seus dados pessoais, tornando-os acessíveis a todos que tenham interesse em manipulá-los. Evidentemente, ainda que decida por tornar públicos seus dados pessoais, o titular possui direitos protegidos pelo ordenamento jurídico, notadamente em relação à preservação de sua honra e imagem, de forma que os abusos devem ser objeto de responsabilização.

Ocorre que há uma série de situações em que está autorizado o tratamento de dados pessoais, mesmo sem o fornecimento de consentimento pelo titular. O primeiro deles é o cumprimento de obrigação legal ou regulatória pelo controlador. Para Rafael Maciel, a hipótese abarca o dever, imposto aos provedores de aplicações, de armazenar números de IP (*Internet Protocol*) sob sigilo, em ambiente controlado e de segurança, pelo período mínimo de seis meses, conforme previsto no art. 15 da Lei nº 12.965/14 (Marco Civil da Internet). É o caso, também, das situações em que o controlador atua em mercado regulado, podendo haver requerimento de compartilhamento de dados pessoais de consumidores por agências reguladoras, no exercício de atividade de fiscalização. A título de exemplo, a Agência Nacional de Saúde Suplementar (ANS) impõe às operadoras de planos de saúde o dever de enviar, periodicamente, os dados cadastrais dos beneficiários de planos privados de saúde no Brasil, sob pena de caracterização de infração administrativa prevista na Resolução Normativa nº 124/2006.

Em seguida, há previsão para que a Administração Pública realize tratamento e compartilhamento de dados dos administrados, desde que o faça com a finalidade de executar políticas públicas previstas em leis e regulamentos ou respaldadas em contratos, convênios ou instrumentos congêneres. A Lei dedica o Capítulo IV à regulamentação do tratamento de dados pelo Poder Público, em que são descritas as regras para garantir a legalidade da operação, bem como as vias de controle para promoção de padrões e de boas práticas.

Órgãos de pesquisa estão autorizados a promover o tratamento de dados pessoais para fins de estudo. Incluem-se na previsão órgão ou entidade da Administração Pública Direta ou Indireta ou pessoa jurídica de direito privado sem fins lucrativos legalmente constituída sob as leis brasileiras, com sede e foro no país. São exemplos de órgãos de pesquisa: Instituto Nacional de Pesquisas Espaciais (Inpe), Instituto Nacional de Matemática Aplicada Pura e Aplicada (Impa), Centro de Tecnologias Estratégicas do Nordeste (Cetene), Instituto de Pesquisa Econômica Aplicada (Ipea); Instituto Brasileiro de Geografia e Estatística (IBGE) e a Fundação Oswaldo Cruz (Fiocruz). Vale destacar a previsão legal de que tais órgãos devem, sempre que possível, remover o vínculo entre os dados e seus respectivos titulares, em um processo de anonimização. Do disposto, infere-se que as justificativas de impossibilidade de anonimização, quando for o caso, devem ser apresentadas na documentação que compõe a pesquisa a ser realizada, sob pena de configurar ilegal a sua execução.

Desnecessária a exigência de consentimento, de igual forma, nos casos em que há a expectativa de formalização de um contrato, e uma das partes necessidade dos dados da outra para procedimentos preliminares. Ou seja, são casos em que há a necessidade de compartilhamento de informações como nome, ocupação e domicílio, exclusivamente para fins de elaboração do contrato, e a pedido do titular. Rafael Maciel[18] ilustra a hipótese com a situação de cliente que procura uma construtora e preenche um cadastro para análise e possível futura aquisição de imóvel.

Também não se exige consentimento para o tratamento de dados para o exercício regular de direitos em processo judicial, administrativo ou arbitral. A utilização de dados pessoais das partes é de fato imprescindível para a instauração processual. Conforme o art. 319 do Código de Processo Civil, a petição inicial indicará os nomes, os prenomes, o estado civil, a existência de união estável, a profissão, o número de inscrição no Cadastro de Pessoas Físicas ou no Cadastro Nacional da Pessoa Jurídica, o endereço eletrônico, o domicílio e a residência do autor e do réu. Por sua vez, a Lei de Processo Administrativo Federal estabelece no art. 6º, II e III, que o requerimento inicial do interessado, salvo casos em que for admitida solicitação oral, deve ser formulado por escrito e conter identificação do interessado ou de quem o represente; bem como domicílio do requerente ou local para recebimento de comunicações. Por sua vez, a Lei de Arbitragem estabelece no art. 10, I, que constará, obrigatoriamente, do compromisso arbitral o nome, a profissão, o estado civil e o domicílio das partes. É razoável, portanto, que em tais situações não seja exigido consentimento do titular para tratamento de dados pessoais, por se tratar de exigência legal.

Diante da necessidade de proteção da vida ou da incolumidade física do titular ou de terceiro, também não há que se falar de consentimento para uso de dados. Trata-se de situações em que, diante de uma ponderação dos valores a serem defendidos, predomina a defesa da vida, em detrimento da proteção dos dados pessoais.

Há ainda a situação em que é dispensado consentimento diante da necessidade de tutela da saúde do titular, desde que o procedimento seja realizado por profissionais de saúde, serviços de saúde ou autoridade sanitária. É o caso, por exemplo, da atuação do Serviço de Atendimento Médico de Urgência (SAMU), conforme Protocolo 192 de Emergências Clínicas. O profissional de saúde é orientado a agir, em toda abordagem de pacientes com agravo clínico, coletando dados do titular, ao adotar condutas como: avaliar permeabilidade de via aérea; avaliar ventilação; avaliar estado circulatório; avaliar estado neurológico. Tais procedimentos configuram tratamento de dados pessoais, sem, no entanto, ser exigível consentimento do titular.

A Lei prevê genericamente que também é hipótese que autoriza o tratamento de dados pessoais a situação em que estes são necessários para atender aos interesses legítimos do controlador ou de terceiro, exceto no caso de prevalecerem direitos e liberdades fundamentais do titular. Parece haver, no caso, uma verdadeira ponderação entre aquilo que seria interesse legítimo do controlador e a proteção de direitos do titular. Há uma margem para uma diversidade de interpretações a respeito de como ponderar tais valores. Quais seriam os interesses legítimos que dispensariam o consentimento do titular? A utilização de conceitos jurídicos abstratos não parece ter sido a melhor opção para o dispositivo. De todo modo, o art. 10 apresenta maiores considerações sobre a questão, ainda que sem saná-la por completo.

Finalmente, é autorizado o tratamento de dados pessoais para a proteção do crédito. A hipótese, que abrange informações relativas ao perfil de consumidores e *score* de pagamento de créditos, certamente deverá ser mais bem especificada pela autoridade nacional, de modo a evitarem-se consequências gravosas à privacidade dos indivíduos.

Art. 8º O consentimento previsto no inciso I do art. 7º desta Lei deverá ser fornecido por escrito ou por outro meio que demonstre a manifestação de vontade do titular.

§ 1º Caso o consentimento seja fornecido por escrito, esse deverá constar de cláusula destacada das demais cláusulas contratuais.

§ 2º Cabe ao controlador o ônus da prova de que o consentimento foi obtido em conformidade com o disposto nesta Lei.

§ 3º É vedado o tratamento de dados pessoais mediante vício de consentimento.

§ 4º O consentimento deverá referir-se a finalidades determinadas, e as autorizações genéricas para o tratamento de dados pessoais serão nulas.

§ 5º O consentimento pode ser revogado a qualquer momento mediante manifestação expressa do titular, por procedimento gratuito e facilitado, ratificados os tratamentos realizados sob amparo do consentimento anteriormente manifestado enquanto não houver requerimento de eliminação, nos termos do inciso VI do caput do art. 18 desta Lei.

§ 6º Em caso de alteração de informação referida nos incisos I, II, III ou V do art. 9º desta Lei, o controlador deverá informar ao titular, com destaque de forma específica do teor das alterações, podendo o titular, nos casos em que o seu consentimento é exigido, revogá-lo caso discorde da alteração.

A forma do consentimento é prescrita na Lei, sendo admitida a manifestação por escrito ou por outro meio que assegure a concordância do titular. É possível, portanto, demonstrar o fornecimento de consentimento através de gravação de ligação telefônica ou de imagem, por exemplo. Entretanto, caso a opção seja a manifestação por escrito, em conjunto com demais cláusulas contratuais, a norma exige que o consentimento conste em cláusula destacada, isto é, cujo conteúdo seja dedicado exclusivamente ao ato autorizativo. É uma forma, novamente, de garantir clareza e precisão ao dispositivo, em homenagem ao princípio da transparência. Adicionalmente, o titular deve ser informado a respeito de alterações relativas ao tratamento de seus dados, em particular em caso de alteração da finalidade específica do tratamento, sua forma e duração, da identificação do controlador ou de informações acerca de uso compartilhado.

Ainda, a Lei estabelece que, seja diante de alegações do titular de utilização ilegal de dados pessoais, seja em procedimento fiscalizatório promovido pela Administração Pública, cabe ao controlador demonstrar a regularidade do consentimento. A distribuição do ônus da prova tem a regra geral prevista no art. 373 do Código de Processo Civil, que estabelece que é incumbência do autor, quanto ao fato constitutivo de seu direito; e do réu, quanto à existência de fato impeditivo, modificativo ou extintivo do direito do autor. Diante da natureza da relação entre o titular de dados pessoais e o controlador, todavia, não seria razoável imputar ao primeiro a obrigação de demonstrar que não ofereceu consentimento para a operação. Ora, não é difícil compreender que, em diversos casos, o titular sequer tem conhecimento a respeito do uso de seus dados, tampouco é solicitado a autorizar seu uso, tornando excessivamente difícil a demonstração da negativa. Assim, a Lei estabeleceu que, diante de controvérsia a respeito do oferecimento de consentimento, há inversão do ônus da prova, de modo que incumbe ao controlador a comprovação da regularidade do ato.

Falhará, entretanto, o controlador, caso se vislumbrem vícios no consentimento, formais ou materiais. Vícios formais do consentimento referem-se ao procedimento ou à forma de sua elaboração. É o caso, por exemplo, da autorização incluída em cláusula não destacada de contrato, conforme discutido anteriormente. Já os vícios materiais referem-se ao conteúdo do ato, insuficiente para concretizar o consentimento. É o caso, como veremos, do desrespeito às regras do art. 9º. De forma similar, incorre em vício material o consentimento que inclui autorizações genéricas, que não identifiquem com clareza a sua finalidade. Identificadas quaisquer espécies de vícios, o consentimento é considerado nulo, evidenciando a ilegalidade do tratamento dos dados pessoais.

Há ainda a situação em que o titular pretende fazer cessar os efeitos de um consentimento validamente oferecido, retirando do controlador a autorização para tratamento dos dados. No caso, o titular não tem mais interesse em ver seus dados utilizados pelo controlador, impedindo operações futuras. Nestas circunstâncias, é direito subjetivo do titular promover a revogação do consentimento, mediante manifestação expressa, sem prejuízo aos tratamentos já realizados. Se pretende eliminar os dados relativos a tratamento já realizado na vigência de seu consentimento, deverá observar o disposto no art. 18, que será oportunamente analisado. Questão interessante é a distribuição do ônus da prova de revogação do consentimento. Considere-se o caso de controlador que, diante de consentimento regularmente oferecido, tem sua conduta questionada por suposta revogação de consentimento. É bem verdade que, conforme o art. 8º, § 2º, o controlador é responsável por comprovar que seus atos foram realizados sob consentimento válido. Ocorre que a comprovação de que o consentimento não fora revogado seria, para o controlador, impossível ou excessivamente difícil, nos termos do art. 373, § 2º, do Código de Processo Civil. Em um esforço de interpretação, demandaria que, a cada etapa do tratamento, o controlador produzisse evidências junto ao titular, demonstrando que o consentimento permanece válido. Diante da situação, a solução mais apropriada é, de fato, atribuir ao titular o ônus da prova de revogação do consentimento, sem o qual se considera que este continua produzindo efeitos nos termos em que fora elaborado.

◆ ◆ ◆

Art. 9º O titular tem direito ao acesso facilitado às informações sobre o tratamento de seus dados, que deverão ser disponibilizadas de forma clara, adequada e ostensiva acerca de, entre outras características previstas em regulamentação para o atendimento do princípio do livre acesso:

I - finalidade específica do tratamento;

II - forma e duração do tratamento, observados os segredos comercial e industrial;

III - identificação do controlador;

IV - informações de contato do controlador;

V - informações acerca do uso compartilhado de dados pelo controlador e a finalidade;

VI - responsabilidades dos agentes que realizarão o tratamento; e

VII - direitos do titular, com menção explícita aos direitos contidos no art. 18 desta Lei.

§ 1º Na hipótese em que o consentimento é requerido, esse será considerado nulo caso as informações fornecidas ao titular tenham conteúdo enganoso ou abusivo ou não tenham sido apresentadas previamente com transparência, de forma clara e inequívoca.

§ 2º Na hipótese em que o consentimento é requerido, se houver mudanças da finalidade para o tratamento de dados pessoais não compatíveis com o consentimento original, o controlador deverá informar previamente o titular sobre as mudanças de finalidade, podendo o titular revogar o consentimento, caso discorde das alterações.

§ 3º Quando o tratamento de dados pessoais for condição para o fornecimento de produto ou de serviço ou para o exercício de direito, o titular será informado com destaque sobre esse fato e sobre os meios pelos quais poderá exercer os direitos do titular elencados no art. 18 desta Lei.

Em quaisquer das hipóteses que autorizam o tratamento de dados, dispostas no art. 7º, é resguardado ao titular o direito ao acesso a uma série de informações, que garantam a sua posição como protagonista no processo. É mais uma garantia de observância ao fundamento da autodeterminação informativa. O preceito é ainda a concretização do princípio do livre acesso, entendido como garantia, aos titulares, de consulta facilitada e gratuita sobre a forma e a duração do tratamento, bem como sobre a integralidade de seus dados pessoais. Nesse contexto, a norma apresente rol exemplificativo de informações a serem disponibilizadas ao titular dos dados, sendo possível que norma infralegal amplie a enumeração. Nos casos em que é necessário consentimento, tais informações devem ser apresentadas previamente, oferecendo ao titular oportunidade para, se for o caso, discordar das condições. O mesmo deve ocorrer nos casos em que houver alteração da finalidade específica do tratamento, sua forma e duração, da identificação do controlador ou de informações acerca de uso compartilhado, conforme o art. 9º, § 2º, c/c o art. 8º, § 6º. Ainda, nas condições em que o titular figura como consumidor ou como cidadão no exercício de seus direitos, em especial figurando como parte em processo judicial, administrativo ou arbitral, o tratamento de dados é condição necessária para o alcance de seu objetivo. Nesses casos, cabe ao controlador informá-lo a respeito de seus direitos, que serão apresentados no art. 18.

◆ ◆ ◆

Art. 10. O legítimo interesse do controlador somente poderá fundamentar tratamento de dados pessoais para finalidades legítimas, consideradas a partir de situações concretas, que incluem, mas não se limitam a:

I - apoio e promoção de atividades do controlador; e

II - proteção, em relação ao titular, do exercício regular de seus direitos ou prestação de serviços que o beneficiem, respeitadas as legítimas expectativas dele e os direitos e liberdades fundamentais, nos termos desta Lei.

§ 1º Quando o tratamento for baseado no legítimo interesse do controlador, somente os dados pessoais estritamente necessários para a finalidade pretendida poderão ser tratados.

§ 2º O controlador deverá adotar medidas para garantir a transparência do tratamento de dados baseado em seu legítimo interesse.

§ 3º A autoridade nacional poderá solicitar ao controlador relatório de impacto à proteção de dados pessoais, quando o tratamento tiver como fundamento seu interesse legítimo, observados os segredos comercial e industrial.

Há situações em que, ponderado o fundamento de respeito à privacidade perante a liberdade de expressão, a livre iniciativa e o desenvolvimento econômico e tecnológico, deve prevalecer o legítimo interesse do controlador. Não foi estabelecida uma definição legal do legítimo interesse, tampouco na metodologia a ser adotada para sua identificação.

A regulação de proteção de dados, de forma geral, deve considerar os benefícios da proteção aos direitos fundamentais do titular de dados, bem como as vantagens do tratamento de dados para o controlador e para a sociedade. O conceito de legítimo interesse foi analisado pelo Grupo de Trabalho do Artigo 29, grupo de trabalho europeu independente que tratou de questões relacionadas à proteção da privacidade e dos dados pessoais até 2018. A organização indica que um interesse é a participação mais ampla que um controlador pode ter no processamento, ou o benefício que o controlador obtém – ou que a sociedade pode derivar – do processamento[19]. Nesse contexto, afirmam Chiara Teffé e Mario Viola[20]:

> *Mostrar que há um interesse legítimo significa que o controlador (ou um terceiro) deve ter algum benefício ou resultado claro e específico em mente. Não basta afirmar a existência de interesses comerciais vagos ou genéricos. Deve-se pensar detalhadamente no que se está tentando alcançar com a operação de tratamento específica. Embora determinado objetivo possa ser potencialmente relevante, ele deverá ser "legítimo". Qualquer interesse ilegítimo, antiético ou ilegal não será um interesse legítimo para a LGPD.*

Percebe-se que o conceito de legítimo interesse precisará, de fato, de uma maior delimitação para que seja utilizado com maior segurança. De todo modo, pode-se afirmar que corresponde a um benefício ao controlador, que prevalece em situações específicas, amparado nos fundamentos de liberdade de expressão, livre iniciativa e desenvolvimento econômico e tecnológico.

O dispositivo em análise ilustra a aplicação do legítimo interesse com duas situações exemplificativas. A primeira delas é o apoio e a promoção de atividades do controlador. É o caso de ações de publicidade e propaganda, utilizadas pelo controlador, valendo-se de dados pessoais do titular, como endereço eletrônico. A segunda situação é a proteção, em relação ao titular, do exercício regular de seus direitos ou prestação de serviços que o beneficiem, respeitadas as legítimas expectativas dele e os direitos e liberdades fundamentais, nos termos desta Lei. É o caso de medidas que protegem o próprio titular, como o controle de segurança em prédios comerciais, que podem utilizar dados pessoais como foto, RG e CPF.

Chiara Teffé e Mario Viola[21] apresentam ainda mais exemplos de aplicação do legítimo interesse: a) o tratamento de dados pessoais estritamente necessário aos objetivos de prevenção e ao controle de fraudes ou para garantir a segurança da rede e da informação nos sistemas informáticos de determinada instituição; b) o fornecimento de imagens de câmeras de segurança para fins de seguro; c) a segurança e melhoria de produtos e serviços; d) os tratamentos de dados de empregados para programas de retenção de talentos e iniciativas de bem-estar; e) no caso de uso de dados por uma empresa para fazer ofertas mais adequadas e personalizadas a seus clientes, usando apenas os dados estritamente necessários para tal; f) o envio de e-mail com descontos específicos para os produtos buscados por determinado usuário ou com indicações de compras, tomando como base seu histórico de compras; g) lembrar ao usuário que ele deixou itens no carrinho online, mas não finalizou a compra; e h) reunião de informações sobre determinado candidato em processos seletivos.

◆ ◆ ◆

Seção II

Do Tratamento de Dados Pessoais Sensíveis

Art. 11. O tratamento de dados pessoais sensíveis somente poderá ocorrer nas seguintes hipóteses:

I - quando o titular ou seu responsável legal consentir, de forma específica e destacada, para finalidades específicas;

II - sem fornecimento de consentimento do titular, nas hipóteses em que for indispensável para:

a) cumprimento de obrigação legal ou regulatória pelo controlador;

b) tratamento compartilhado de dados necessários à execução, pela administração pública, de políticas públicas previstas em leis ou regulamentos;

c) realização de estudos por órgão de pesquisa, garantida, sempre que possível, a anonimização dos dados pessoais sensíveis;

d) exercício regular de direitos, inclusive em contrato e em processo judicial, administrativo e arbitral, este último nos termos da Lei nº 9.307, de 23 de setembro de 1996 (Lei de Arbitragem);

e) proteção da vida ou da incolumidade física do titular ou de terceiro;

f) tutela da saúde, exclusivamente, em procedimento realizado por profissionais de saúde, serviços de saúde ou autoridade sanitária; ou (Redação dada pela Lei nº 13.853, de 2019)

g) garantia da prevenção à fraude e à segurança do titular, nos processos de identificação e autenticação de cadastro em sistemas eletrônicos, resguardados os direitos mencionados no art. 9º desta Lei e exceto no caso de prevalecerem direitos e liberdades fundamentais do titular que exijam a proteção dos dados pessoais.

§ 1º Aplica-se o disposto neste artigo a qualquer tratamento de dados pessoais que revele dados pessoais sensíveis e que possa causar dano ao titular, ressalvado o disposto em legislação específica.

§ 2º Nos casos de aplicação do disposto nas alíneas "a" e "b" do inciso II do caput deste artigo pelos órgãos e pelas entidades públicas, será dada publicidade à referida dispensa de consentimento, nos termos do inciso I do caput do art. 23 desta Lei.

§ 3º A comunicação ou o uso compartilhado de dados pes-

35

soais sensíveis entre controladores com objetivo de obter vantagem econômica poderá ser objeto de vedação ou de regulamentação por parte da autoridade nacional, ouvidos os órgãos setoriais do Poder Público, no âmbito de suas competências.

§ 4º É vedada a comunicação ou o uso compartilhado entre controladores de dados pessoais sensíveis referentes à saúde com objetivo de obter vantagem econômica, exceto nas hipóteses relativas a prestação de serviços de saúde, de assistência farmacêutica e de assistência à saúde, desde que observado o § 5º deste artigo, incluídos os serviços auxiliares de diagnose e terapia, em benefício dos interesses dos titulares de dados, e para permitir: (Redação dada pela Lei nº 13.853, de 2019)

I - a portabilidade de dados quando solicitada pelo titular; ou (Incluído pela Lei nº 13.853, de 2019)

II - as transações financeiras e administrativas resultantes do uso e da prestação dos serviços de que trata este parágrafo. (Incluído pela Lei nº 13.853, de 2019)

§ 5º É vedado às operadoras de planos privados de assistência à saúde o tratamento de dados de saúde para a prática de seleção de riscos na contratação de qualquer modalidade, assim como na contratação e exclusão de beneficiários. (Incluído pela Lei nº 13.853, de 2019)

Os dados sensíveis constituem subconjuntos dos dados pessoais que requerem especial proteção, em virtude de estarem posicionados em nível mais interno de privacidade do titular. Nos termos do art. 5º, II, englobam o dado pessoal sobre origem racial ou étnica, convicção religiosa, opinião política, filiação a sindicato ou a organização de caráter religioso, filosófico ou político, dado referente à saúde ou à vida sexual, e dado genético ou biométrico, quando vinculado a uma pessoa natural.

Permanece válida a hipótese de tratamento de dados mediante o fornecimento de consentimento pelo titular, referida no art. 7º, sem maiores alterações.

Com relação às demais hipóteses, observa-se uma redução das situações possíveis, em uma comparação com o disposto no art. 7º, que trata dos dados pessoais em geral. Três hipóteses foram desautorizadas por completo: (a) quando necessário para a execução de contrato ou de procedimentos preliminares relacionados a contrato do qual seja parte o titular, a pedido do titular dos dados; (b) quando necessário para atender aos interesses legítimos do controlador ou de terceiro, exceto no caso de prevalecerem direitos e liberdades fundamentais do titular que exijam a proteção dos dados pessoais; e (c) para a proteção do crédito, inclusive quanto ao disposto na legislação pertinente. Em tais casos, o tratamento de dados pessoais sensíveis passa a ter como requisito o consentimento.

Há ainda uma alteração com relação à hipótese de tratamento compartilhado de dados necessários à execução, pela Administração Pública, de políticas públicas. Verifica-se que, para que o consentimento seja dispensado, é necessário que as políticas públicas em questão estejam previstas em leis ou regulamentos. Em outras palavras, não se admite o tratamento compartilhado de dados, sem consentimento, para execução de políticas públicas respaldadas em contratos, convênios ou instrumentos congêneres.

Por outro lado, uma nova hipótese de tratamento de dados se afigura possível de ser realizada, ainda que sem consentimento, qual seja, a garantia da prevenção à fraude e à segurança do titular, nos processos de identificação e autenticação de cadastro em sistemas eletrônicos, resguardados os direitos mencionados no art. 9º e exceto no caso de prevalecerem direitos e liberdades fundamentais do titular que exijam a proteção dos dados pessoais.

◆ ◆ ◆

Art. 12. Os dados anonimizados não serão considerados dados pessoais para os fins desta Lei, salvo quando o processo de anonimização ao qual foram submetidos for revertido, utilizando exclusivamente meios próprios, ou quando, com esforços razoáveis, puder ser revertido.

§ 1º A determinação do que seja razoável deve levar em consid-

eração fatores objetivos, tais como custo e tempo necessários para reverter o processo de anonimização, de acordo com as tecnologias disponíveis, e a utilização exclusiva de meios próprios.

§ 2º Poderão ser igualmente considerados como dados pessoais, para os fins desta Lei, aqueles utilizados para formação do perfil comportamental de determinada pessoa natural, se identificada.

§ 3º A autoridade nacional poderá dispor sobre padrões e técnicas utilizados em processos de anonimização e realizar verificações acerca de sua segurança, ouvido o Conselho Nacional de Proteção de Dados Pessoais.

Os dados são tornados anônimos se não estiverem mais relacionados a um indivíduo identificado ou identificável. A conversão de dados pessoais – inclusive os resultantes de análise de perfil comportamental – em dados anonimizados é denominada processo de anonimização.

Ainda não há previsão normativa a respeito da forma ou da técnica adotada para que tal operação seja realizada, entretanto, ao promover a anonimização, o controlador deve observar três riscos essenciais[22]: a) Individualização (*Singling out*), que corresponde à possibilidade de isolar alguns ou todos os registros que identificam um indivíduo no conjunto de dados; b) Vinculação (*Linkability*), que é a capacidade de associar, pelo menos, dois registros relativos ao mesmo titular dos dados ou a um grupo de titulares dos dados (na mesma base de dados ou em duas bases de dados diferentes). Se um invasor pode estabelecer (por exemplo, por meio de análise de correlação) que dois registros são atribuídos a um mesmo grupo de indivíduos, mas não pode isolar indivíduos neste grupo, a técnica oferece resistência contra individualização, mas não contra vinculação; c) Inferência, que é a possibilidade de deduzir, com probabilidade significativa, o valor de um atributo a partir dos valores de um conjunto de outros atributos.

A definição do processo de anonimização deve estar fundada em razões técnicas, apropriadas ao caso concreto, considerados os riscos envolvidos. É importante que a escolha do processo de anonimização seja analisada de acordo com cada situação particular, eventualmente optando-se por mais de uma técnica, de modo que, combinadas, garantam maior grau de segurança. A primeira estratégia disponível ao controlador é utilizar randomização, que é uma família de técnicas que altera a veracidade dos dados para remover a forte ligação entre os dados e o indivíduo. Consiste basicamente nas seguintes técnicas[23]: a) Adição de ruído, que consiste em modificar atributos no conjunto de dados de modo que se tornem menos precisos; b) Permutação, que consiste em embaralhar os valores dos atributos em uma tabela de forma que alguns deles sejam artificialmente vinculados a diferentes titulares de dados; c) Privacidade diferencial, que consiste em gerar visualizações anônimas de um conjunto de dados enquanto retendo uma cópia dos dados originais, ao passo em que acrescenta ruído a este subconjunto de dados.

A segunda estratégia disponível ao controlador é utilizar generalização, ou seja, na diluição dos atributos dos sujeitos dos dados, modificando a respectiva escala ou ordem de magnitude. As técnicas de generalização são as seguintes[24]: a) Agregação e K-anonimato, que visam a evitar que um sujeito dos dados seja destacado, agrupando-o com, pelo menos, k outros indivíduos; por exemplo, substituindo valores de características por faixas de valores dentro das quais todos os indivíduos do grupo se encontram; b) L-diversidade, que consiste em estender o K-anonimato, certificando-se de que em cada classe de equivalência cada atributo tem pelo menos l diferentes valores; c) T-proximidade, que consiste em um refinamento da L-diversidade, na medida em que visa a criar classes equivalentes que se assemelham à distribuição inicial de atributos na tabela, incluindo-se a regra de que não apenas pelo menos l valores diferentes devem existir dentro de cada classe de equivalência, mas também que cada valor é representado quantas vezes forem necessárias para espelhar a distribuição inicial de cada atributo.

A Lei cogita ainda a possibilidade de o processo de anonimização ser revertido, utilizando meios próprios ou valendo-se de esforços razoáveis. De fato, o processo de randomização é falível e é coerente se considerar que não é possível uma perfeita desvinculação entre os dados e os indivíduos por eles descritos[25]. Assim, considerados os fatores como custo, tempo e técnica utilizada, é necessário avaliar se de fato os dados podem ser considerados anonimizados, a partir de um juízo de razoabilidade.

◆ ◆ ◆

Art. 13. Na realização de estudos em saúde pública, os órgãos de pesquisa poderão ter acesso a bases de dados pessoais, que serão tratados exclusivamente dentro do órgão e estritamente para a finalidade de realização de estudos e pesquisas e mantidos em ambiente controlado e seguro, conforme práticas de segurança previstas em regulamento específico e que incluam, sempre que possível, a anonimização ou pseudonimização dos dados, bem como considerem os devidos padrões éticos relacionados a estudos e pesquisas.

§ 1º A divulgação dos resultados ou de qualquer excerto do estudo ou da pesquisa de que trata o caput deste artigo em nenhuma hipótese poderá revelar dados pessoais.

§ 2º O órgão de pesquisa será o responsável pela segurança da informação prevista no caput deste artigo, não permitida, em circunstância alguma, a transferência dos dados a terceiro.

§ 3º O acesso aos dados de que trata este artigo será objeto de regulamentação por parte da autoridade nacional e das autoridades da área de saúde e sanitárias, no âmbito de suas competências.

§ 4º Para os efeitos deste artigo, a pseudonimização é o tratamento por meio do qual um dado perde a possibilidade de associação, direta ou indireta, a um indivíduo, senão pelo uso de informação adicional mantida separadamente pelo controlador em ambiente controlado e seguro.

No escopo da inovação em saúde, há uma forte interação entre a pesquisa e a prática de ciências médicas. Por um lado, a infraestrutura científica é origem de um fluxo de informações que apoia o surgimento de inovações que afetam a prática médica e a saúde: em linhas gerais, novos medicamentos, novos equipamentos, novos procedimentos clínicos, novas medidas profiláticas e novas informações. Por outro, a prática médica e a atuação do setor da saúde em geral são origens de um fluxo de informações inverso e constituem-se em um enorme e crescente repositório de questões, achados empíricos e práticas bem-sucedidas que precisam ser explicadas e compreendidas.[26]

O preceito trata da aplicação de regras de proteção de dados pessoais na realização de estudos em saúde pública, realizados por órgãos de pesquisa. Conforme analisado no art. 5º, XVIII, o termo abrange tanto órgãos da Administração Pública, quanto pessoas jurídicas de direito privado sem fins lucrativos. Em um contexto de saúde pública, interessam para esta análise as pesquisas realizadas no âmbito do Sistema Único de Saúde (SUS), bem como aquelas realizadas por organizações sociais da saúde.

O SUS foi criado pela Constituição Federal de 1988 e regulamentado pelas Leis nº 8080/90 e nº 8.142/90, Leis Orgânicas da Saúde. Conforme o art. 196 da CF/88, a saúde é direito de todos e dever do Estado, garantida mediante políticas sociais e econômicas que visem à redução do risco de doença e de outros agravos e ao acesso universal e igualitário às ações e serviços para sua promoção, proteção e recuperação. A Lei nº 8.080/1990, que estabelece a organização do Sistema Único de Saúde, prevê no art. 15, XIX, que é atribuição da União, dos Estados, do Distrito Federal e dos Municípios realizar pesquisas e estudos na área de saúde.

Entre os órgãos integrantes do SUS que realizam pesquisas em saúde, podem-se mencionar, exemplificativamente, a Fundação Oswaldo Cruz, o Instituto Vital Brazil e o Instituto Butantan. Vale a pena destacar também as ações de pesquisa e desenvolvimento desenvolvidas nas universidades brasileiras, bem como na Administração Pública Direta, sobretudo pelo Ministério da Saúde e pelas Secretarias de Saúde estaduais e municipais.

Por sua vez, as Organizações Sociais são definidas como pessoas jurídicas de direito privado, sem fins lucrativos, cujas atividades sejam dirigidas ao ensino, à pesquisa científica, ao desenvolvimento tecnológico, à proteção e preservação do meio ambiente, à cultura e à saúde, assim qualificadas pelo Poder Executivo, nos termos do art. 1º da Lei nº 9.637/1998. São exemplos de Organizações Sociais da Saúde: Associação Paulista para o Desenvolvimento da Medicina, Serviço Social da Construção Civil do Estado de São Paulo; Cruzada Bandeirante São Camilo Assistência Médico-Social e Irmandade Santa Casa de Misericórdia de São Paulo.

Nesse contexto, os órgãos de pesquisa que realizarem estudos em saúde, seja público ou privado, poderão ter acesso a bases de dados, independentemente de fornecimento de consentimento pelos titulares dos dados. É o que se conclui do *caput* do artigo em análise, combinado com o art. 7º, IV. Para tanto, há requisitos a serem observados, (i) o tratamento deve ocorrer exclusivamente dentro do órgão, não sendo autorizado em nenhuma circunstância o seu compartilhamento com terceiros, ainda que haja termo de compromisso de sigilo; (ii) a finalidade do tratamento deve ser a realização de estudos e pesquisas; (iii) os dados pessoais devem ser mantidos em ambiente controlado e seguro.

Com relação à segurança dos dados pessoais dos estudos, o preceito estabelece que o órgão de pesquisa deve promover, sempre que possível, a anonimização ou pseudonimização dos dados. Em relação a esta determinação, alguns pontos merecem destaque. Primeiramente, é possível que o tratamento seja realizado mantendo-se a identificação do titular, desde que o órgão apresente razões fundadas em normas e critérios científicos e técnicos, capazes de justificar a necessidade de preservação de tal vínculo.

Inexistindo razões para manutenção do vínculo entre os dados e o titular, resta a imposição de realizar anonimização ou pseudonimização dos dados. Em relação ao processo de anonimização, aplicam-se os comentários referentes ao artigo anterior.

Na pseudonimização (ou pseudoanonimização), os identificadores diretos, como nome e CPF, são substituídos por pseudônimos. Desse modo, o titular permanece sendo identificável em razão de tais pseudônimos serem seu retrato detalhado indireto[27]. Entretanto, embora não se trate de técnica de anonimização, a Lei reconhece a pseudonimização como medida suficiente para promoção da segurança do ambiente em que serão armazenados os dados pessoais.

As técnicas de pseudonimização mais utilizadas são as seguintes[28]: (i) Criptografia com chave privada, de modo que o detentor da chave pode identificar novamente cada titular de dados por meio da decodificação do conjunto de dados, porque os dados pessoais ainda estão contidos no conjunto de dados, mesmo que de forma criptografada; (ii) Função *Hash*, que consiste em uma função que retorna uma saída de tamanho fixo de uma entrada de qualquer tamanho, sendo que é possível identificar os dados originais gerando o *hash* de todos os valores de entrada possíveis e comparando os resultados com aqueles valores no conjunto de dados; (iii) Tokenização, que consiste em substituir os números de identificação por valores que têm utilidade reduzida para um invasor.

Seção III
Do Tratamento de Dados Pessoais de Crianças e de Adolescentes

Art. 14. O tratamento de dados pessoais de crianças e de adolescentes deverá ser realizado em seu melhor interesse, nos termos deste artigo e da legislação pertinente.

§ 1º O tratamento de dados pessoais de crianças deverá ser realizado com o consentimento específico e em destaque dado por pelo menos um dos pais ou pelo responsável legal.

§ 2º No tratamento de dados de que trata o § 1º deste artigo, os controladores deverão manter pública a informação sobre os tipos de dados coletados, a forma de sua utilização e os procedimentos para o exercício dos direitos a que se refere o art. 18 desta Lei.

§ 3º Poderão ser coletados dados pessoais de crianças sem o consentimento a que se refere o § 1º deste artigo quando a coleta for necessária para contatar os pais ou o responsável legal, utilizados uma

única vez e sem armazenamento, ou para sua proteção, e em nenhum caso poderão ser repassados a terceiro sem o consentimento de que trata o § 1º deste artigo.

§ 4º Os controladores não deverão condicionar a participação dos titulares de que trata o § 1º deste artigo em jogos, aplicações de internet ou outras atividades ao fornecimento de informações pessoais além das estritamente necessárias à atividade.

§ 5º O controlador deve realizar todos os esforços razoáveis para verificar que o consentimento a que se refere o § 1º deste artigo foi dado pelo responsável pela criança, consideradas as tecnologias disponíveis.

§ 6º As informações sobre o tratamento de dados referidas neste artigo deverão ser fornecidas de maneira simples, clara e acessível, consideradas as características físico-motoras, perceptivas, sensoriais, intelectuais e mentais do usuário, com uso de recursos audiovisuais quando adequado, de forma a proporcionar a informação necessária aos pais ou ao responsável legal e adequada ao entendimento da criança.

O princípio do melhor interesse da criança (*best interest of child*), consubstanciado do art. 227 da CF/88 e expressamente referido no *caput* do preceito em análise, determina que a criança e o adolescente devem ter seus interesses colocados como máxima prioridade, entre todos os demais. Todos temos direito à vida, à integridade física, à saúde, à segurança etc., mas os infantes e jovens precisam ser tratados em primeiríssimo lugar (em primeiro lugar seria apenas prioridade; porém, a absoluta prioridade é uma ênfase), em todos os aspectos[29]. Aplicado ao tratamento de dados pessoais, o princípio restringe as hipóteses de sua realização, exigindo o consentimento por pelo menos um dos pais ou por um representante legal, baseando-se em informações claras e acessíveis para uma tomada de decisão consciente. Há dispensa da manifestação apenas em casos excepcionalíssimos. As únicas finalidades que autorizam esta dispensa é a necessidade de localização dos pais e a proteção do titular dos dados, vedados a reutilização, o armazenamento e o compartilhamento dos dados. Em outras palavras, as hipóteses elencadas no art. 7º, II a X, não se aplicam para titular de dados criança ou adolescente, em homenagem ao princípio do melhor interesse.

O *caput* do preceito faz referência à legislação pertinente, sendo aplicável o art. 2º do Estatuto da Criança e do Adolescente (ECA), que considera criança a pessoa até doze anos de idade incompletos, e adolescente aquela entre doze e dezoito anos de idade. Ainda, alinha-se ao art. 17 do ECA, que dispõe que o direito ao respeito consiste na inviolabilidade da integridade física, psíquica e moral da criança e do adolescente, abrangendo a preservação da imagem, da identidade, da autonomia, dos valores, ideias e crenças, dos espaços e objetos pessoais. No estudo da proteção de dados pessoais, há particular interesse no tocante à preservação da imagem e da identidade. A divulgação sem a autorização devida de nome, ato ou documento de procedimento policial, administrativo ou judicial relativo a criança ou adolescente a que se atribua ato infracional configura infração administrativa, nos termos do art. 247 do ECA, que prevê penalidade de multa. Demais condutas caracterizadas pelo desrespeito ao preceito em análise sujeitam o infrator às sanções previstas no art. 52 da LGPD, que será oportunamente analisado.

Em continuidade, também em virtude da vulnerabilidade do titular criança ou adolescente, a Lei estabelece obrigações ao controlador, que constituem verdadeiras concretizações de princípios a serem observados no tratamento de dados. Assim, são evidentes as referências aos princípios seguintes: (a) princípio da transparência (art. 6º, VI): além da fiscalização promovida pelo titular e por órgãos de controle, os controladores deverão se sujeitar ao controle social, tornando públicos aspectos relacionados ao tratamento de dados de crianças e adolescentes; (b) princípio da necessidade (art. 6º, III): os controladores não deverão utilizar atividades de entretenimento como estratégia abusiva para obtenção de dados pessoais; (c) princípio da prevenção (art. 6º, VIII): cabe ao controlador utilizar os meios que dispõe para se certificar de que o consentimento foi fornecido, de fato, pelo responsável pela criança.

◆ ◆ ◆

Seção IV
Do Término do Tratamento de Dados

Art. 15. O término do tratamento de dados pessoais ocorrerá nas seguintes hipóteses:

I - verificação de que a finalidade foi alcançada ou de que os dados deixaram de ser necessários ou pertinentes ao alcance da finalidade específica almejada;

II - fim do período de tratamento;

III - comunicação do titular, inclusive no exercício de seu direito de revogação do consentimento conforme disposto no § 5º do art. 8º desta Lei, resguardado o interesse público; ou

IV - determinação da autoridade nacional, quando houver violação ao disposto nesta Lei.

O processo de tratamento de dados tem seu devido andamento submetido às condições e finalidades que justificaram a sua instauração, consideradas as hipóteses previstas no art. 7º. Nos casos em que é exigido consentimento do titular, a manifestação deve indicar a finalidade específica do tratamento, conforme o art. 9º, I. Nos demais casos, a finalidade decorre do texto legal que enumera as hipóteses de instauração, quais sejam, cumprimento de obrigação legal ou regulatória pelo controlador; execução de políticas públicas; realização de estudos por órgão de pesquisa; execução de contrato ou de procedimentos preliminares relacionados a contrato; proteção da vida ou da incolumidade física do titular ou de terceiro; tutela da saúde; atendimento aos interesses legítimos do controlador ou de terceiro; e proteção do crédito. Uma vez exaurida a finalidade que motivou a sua instauração, o tratamento de dados deve imediatamente ser encerrado, independentemente de solicitação do titular ou de determinação da Administração Pública. Da mesma forma, uma vez que não haja mais relação de dependência entre a finalidade almejada e o tratamento de dadôs, este deve ser imediatamente encerrado.

Situação semelhante refere-se ao fim do período de tratamento. Nos casos em que é exigido consentimento, o tratamento de dados deve ocorrer dentro do intervalo de tempo estabelecido pelo titular, de acordo com o art. 9º, II. Não se admite suspensão ou interrupção do prazo por ato unilateral do controlador, de modo que o tratamento de dados após o vencimento depende de novo consentimento.

Conforme discutido nos comentários do art. 8º, § 5º, admite-se a revogação do consentimento pelo titular, nos casos em que se pretende fazer cessar os efeitos de um consentimento validamente oferecido, retirando do controlador a autorização para tratamento dos dados. Entretanto, a manifestação de desistência pelo titular não gera, necessariamente, a término do tratamento de dados, podendo o controlador dar continuidade ao processo, se exigido o interesse público. Contudo, é necessário que a continuidade do tratamento de dados esteja amparada por uma das hipóteses do previstas no art. 7º. Isso porque o argumento de observância ao interesse público não deve ter a aptidão de constituir nova hipótese autorizativa de tratamento de dados, sendo exaustivo o rol indicado no art. 7º.

Finalmente, cabe à autoridade nacional determinar o término do tratamento de dados quando houver violação ao disposto nesta Lei. Ao condicionar a referida determinação à constatação de violação da Lei, confirma-se que se trata de sanção administrativa, aplicada em virtude de cometimento de infração, prevista no art. 52, XI e XII. Neste ponto, é cabível uma crítica ao preceito, por apresentar inadmissível vulnerabilidade, capaz de agravar os prejuízos à privacidade do titular decorrentes de irregularidades. Isto porque, ao caracterizar como sanções administrativas as medidas dispostas no art. 52, XI e XII, a Lei impõe que a suspensão do tratamento de dados depende de decisão em processo administrativo em última instância, apta a constatar violação da Lei. Evidentemente que, no decorrer do processo administrativo, a continuidade do tratamento de dados pode representar danos ao titular, que deverá aguardar o andamento processual no âmbito da autoridade nacional. O dispositivo pode resultar em judicialização da demanda, tendo em vista eventual necessidade de suspensão imediata da atividade, através de tutela antecipada.

Desta forma, há um grave equívoco na Lei, pois a constatação de sua violação não deveria ser requisito para a suspensão do tratamento de dados. Tal suspensão não deveria ser considerada sanção administrativa. Seria mais apropriada a classificação da suspensão de tratamento de dados como medida administrativa de caráter preventivo, decorrente de risco de violação do disposto nesta Lei. Assim, a autoridade nacional teria à sua disposição um instrumento para agir imediatamente, quando houver risco de ofensa à privacidade do titular. Caso as irregularidades sejam confirmadas no curso do processo administrativo sancionador, a medida administrativa de suspensão do tratamento já teria, ao menos, evitado maiores consequências ao titular. Caso contrário, a decisão administrativa poderia autorizar a continuidade do tratamento de dados.

◆ ◆ ◆

Art. 16. Os dados pessoais serão eliminados após o término de seu tratamento, no âmbito e nos limites técnicos das atividades, autorizada a conservação para as seguintes finalidades:

I - cumprimento de obrigação legal ou regulatória pelo controlador;

II - estudo por órgão de pesquisa, garantida, sempre que possível, a anonimização dos dados pessoais;

III - transferência a terceiro, desde que respeitados os requisitos de tratamento de dados dispostos nesta Lei; ou

IV - uso exclusivo do controlador, vedado seu acesso por terceiro, e desde que anonimizados os dados.

Na Era da Informação, uma base de dados pessoais representa um insumo essencial para a produção de resultados nos processos organizacionais. Em outras palavras, a informação constitui o ativo mais importante de uma organização.

Com o intuito de definir parâmetros para avaliar o valor da informação, Cronin (*apud* MORESI, 2000, p. 16) estabelece a classificação a seguir descrita: i) valor de uso: baseia-se na utilização final que se fará com a informação; ii) valor de troca: é aquele que o usuário está preparado para pagar e variará de acordo com as leis de oferta e demanda, podendo também ser denominado de valor de mercado; iii) valor de propriedade, que reflete o custo substitutivo de um bem; iv) valor de restrição, que surge no caso de informação secreta ou de interesse comercial, quando o uso fica restrito apenas a algumas pessoas. Para Moresi[30], muitas vezes não é possível quantificar o valor da informação estabelecendo uma equivalência a uma quantia em dinheiro. Por ser um bem abstrato e intangível, o seu valor estará associado a um contexto. O autor argumenta que os valores de uso e de troca poderão ser úteis na definição de uma provável equivalência monetária.

Neste contexto, considerando o valor estratégico da informação para as organizações, bem como a observância dos fundamentos da Lei, notadamente o respeito à privacidade (art. 2º, I), pode-se cogitar, em tese, os seguintes encaminhamentos em relação aos dados pessoais, uma vez encerrado o tratamento: i) eliminação; ii) conservação para uso do controlador; iii) conservação para uso de outrem.

O encaminhamento que oferece maior segurança para a preservação da privacidade do titular é, evidentemente, a eliminação dos dados após o término do processamento. Pode-se considerar que a conservação dos dados após o tratamento, seja para uso do controlador, seja no interesse de outrem, possui algum grau de risco à privacidade do usuário – ainda que mínimo. De fato, a própria Lei considera, em seu art. 12, *caput*, a possibilidade de reversão do procedimento de anonimização. Assim, a completa eliminação dos dados representa, ao titular, a garantia de que suas informações não serão indevidamente utilizadas. É por este motivo que o preceito em análise estabelece que, regra geral, os dados pessoais serão eliminados após o término de seu tratamento.

Ocorre que a Lei autoriza, conforme o art. 16, I e IV, a conservação dos dados pessoais para uso do controlador. Nestes casos, os dados permanecem acessíveis ao controlador, mesmo ocorridas quaisquer das hipóteses descritas no art. 15, quais sejam, alcance da finalidade do tratamento ou desnecessidade dos dados; fim do período de tratamento; revogação de consentimento e determinação de autoridade nacional.

A primeira finalidade que autoriza a conservação dos dados pelo controlador é o cumprimento de obrigação legal ou regulatória pelo controlador. Ora, trata-se de previsão que pouco acrescenta à análise sistemática da norma, visto que se trata de hipótese autorizativa de tratamento de dados, independentemente de consentimento, nos termos do art. 7, II. Assim, ainda que tenham se exaurido os motivos que inicialmente justificaram o tratamento de dados, a necessidade superveniente de utilização dos dados para cumprimento de obrigação legal ou regulatória pelo controlador constitui hipótese para novo tratamento dos dados. Neste ponto, portanto, não há inovação no dispositivo.

A segunda finalidade que autoriza a conservação dos dados pelo controlador é o uso exclusivo por este, vedado seu acesso por terceiro, e desde que anonimizados os dados. O dispositivo reforça a compreensão sistemática da norma, uma vez que os dados anonimizados não são considerados dados pessoais, consoante o art. 12, *caput*, restando excluídos do escopo da norma. Situação interessante é aquela em que o controlador pretende conservar os dados para seu uso exclusivo, quando o término do processamento ocorreu em virtude de determinação da autoridade nacional, diante de violação do disposto nesta Lei. A questão reside na análise de possibilidade de aplicação do art. 16, IV, que menciona o término do tratamento sem excluir expressamente os casos relativos ao art. 15, IV. A melhor interpretação do dispositivo deve considerar o princípio do direito civil, por vezes referido como princípio geral do ornamento nacional, *"nemo auditur propriam turpitudinem allegans*" ("ninguém pode se beneficiar da própria torpeza"). Isso porque, tendo sido violada regra desta Lei, seria o caso de prática de ato ilícito, cujos frutos não podem ser aproveitados pelo próprio agente. Em que pese a Lei autorizar a conservação dos dados para uso exclusivo do controlador, não se admite que haja tal vantagem indevida nos casos em que o término de seu tratamento decorre de determinação de autoridade nacional, em virtude de prática de ato ilícito. Os frutos da ilegalidade não podem resultar em vantagens ao próprio controlador, que não pode se beneficiar de sua própria torpeza.

A Lei igualmente autoriza, conforme o art. 16, II e III, a conservação dos dados pessoais para uso de terceiro. Nestes casos, os dados são compartilhados com outrem, seja através do fornecimento de cópias da base de dados, seja através de autorização de acesso à base original.

A primeira finalidade que autoriza este compartilhamento é o estudo por órgão de pesquisa, garantida, sempre que possível, a anonimização dos dados pessoais. Novamente se trata de hipótese autorizativa de tratamento de dados, independente de consentimento, nos termos do art. 7, IV. A segunda finalidade refere-se à transferência a terceiro, desde que respeitados os requisitos de tratamento de dados dispostos nesta Lei. Novamente remete-se às hipóteses de tratamento já indicadas no art. 7. Portanto, nenhuma inovação nos dispositivos.

Ponto de maior interesse, entretanto, é a investigação da natureza jurídica do compartilhamento dos dados pessoais para uso de outrem, seja órgão de pesquisa, seja terceiro interessado. Caso o compartilhamento seja operado por meio de manifestação volitiva do controlador, que se obriga a garantir acesso para uso de outrem, sem qualquer consequência ao seu patrimônio, trata-se de espécie de ato unilateral. Em contrapartida, na hipótese de o compartilhamento dos dados pessoais ser objeto de ajuste de vontades entre o controlador e outrem, com a constituição, modificação ou extinção de direitos entre si, tem-se negócio jurídico. Caso o controlador se obrigue a transferir os dados pessoais, e o outro, a pagar-lhe certo preço em dinheiro, haverá contrato da espécie compra e venda.

CAPÍTULO III – DOS DIREITOS DO TITULAR (ARTS. 17 A 22)

Art. 17. Toda pessoa natural tem assegurada a titularidade de seus dados pessoais e garantidos os direitos fundamentais de liberdade, de intimidade e de privacidade, nos termos desta Lei.

Conforme discutido nos comentários do art. 1º, o objetivo da Lei é proteger os direitos fundamentais de liberdade e de privacidade e o livre desenvolvimento da personalidade da pessoa natural. O preceito estabelece que a pessoa jurídica referida pelos dados pessoais detém a sua titularidade, isto é, possui o poder decisório a respeito da sua utilização e divulgação, em atenção ao fundamento da autodeterminação informativa (art. 2º, II). A garantia de seus direitos fundamentais é decorrente da forma como foram desenvolvidas as disposições preliminares da norma (art. 1º, *caput*; art. 2º, I, IV e VII), bem como, evidentemente, da proteção constitucional aos direitos e garantias fundamentais (art. 5º, X, da CF/88).

◆ ◆ ◆

Art. 18. O titular dos dados pessoais tem direito a obter do controlador, em relação aos dados do titular por ele tratados, a qualquer momento e mediante requisição:
I - confirmação da existência de tratamento;
II - acesso aos dados;

III - correção de dados incompletos, inexatos ou desatualizados;

IV - anonimização, bloqueio ou eliminação de dados desnecessários, excessivos ou tratados em desconformidade com o disposto nesta Lei;

V - portabilidade dos dados a outro fornecedor de serviço ou produto, mediante requisição expressa, de acordo com a regulamentação da autoridade nacional, observados os segredos comercial e industrial; (Redação dada pela Lei nº 13.853, de 2019)

VI - eliminação dos dados pessoais tratados com o consentimento do titular, exceto nas hipóteses previstas no art. 16 desta Lei;

VII - informação das entidades públicas e privadas com as quais o controlador realizou uso compartilhado de dados;

VIII - informação sobre a possibilidade de não fornecer consentimento e sobre as consequências da negativa;

IX - revogação do consentimento, nos termos do § 5º do art. 8º desta Lei.

§ 1º O titular dos dados pessoais tem o direito de peticionar em relação aos seus dados contra o controlador perante a autoridade nacional.

§ 2º O titular pode opor-se a tratamento realizado com fundamento em uma das hipóteses de dispensa de consentimento, em caso de descumprimento ao disposto nesta Lei.

§ 3º Os direitos previstos neste artigo serão exercidos mediante requerimento expresso do titular ou de representante legalmente constituído, a agente de tratamento.

§ 4º Em caso de impossibilidade de adoção imediata da providência de que trata o § 3º deste artigo, o controlador enviará ao titular resposta em que poderá:

I - comunicar que não é agente de tratamento dos dados e indicar, sempre que possível, o agente; ou

II - indicar as razões de fato ou de direito que impedem a adoção imediata da providência.

§ 5º O requerimento referido no § 3º deste artigo será atendido sem custos para o titular, nos prazos e nos termos previstos em regulamento.

§ 6º O responsável deverá informar, de maneira imediata, aos *agentes de tratamento com os quais tenha realizado uso compartilhado de dados a correção, a eliminação, a anonimização ou o bloqueio dos dados, para que repitam idêntico procedimento, exceto nos casos em que esta comunicação seja comprovadamente impossível ou implique esforço desproporcional. (Redação dada pela Lei nº 13.853, de 2019)*

§ 7º A portabilidade dos dados pessoais a que se refere o inciso V do caput deste artigo não inclui dados que já tenham sido anonimizados pelo controlador.

§ 8º O direito a que se refere o § 1º deste artigo também poderá ser exercido perante os organismos de defesa do consumidor.

O preceito destina-se a assegurar o conhecimento de informações pessoais constantes de registro de bancos de dados sob responsabilidade do controlador, podendo ensejar a retificação de dados errôneos. A Lei determina que, mediante requisição, o titular pode solicitar uma série de condutas ao controlador, que podem ser agrupadas da seguinte forma: a) condutas relativas ao acesso aos dados; b) condutas relativas às restrições de uso dos dados; c) condutas relativas à alteração dos dados; d) condutas relativas ao compartilhamento dos dados.

As condutas relativas ao acesso aos dados incluem a confirmação da existência de tratamento e o acesso aos dados propriamente ditos, que devem ocorrer mediante requisição do titular, observado o disposto no art. 19. Mesmo antes da Lei, já era garantido ao titular o conhecimento de informações relativas à sua pessoa, constantes de registros ou bancos de dados de entidades governamentais ou de caráter público. Diante da recusa ao atendimento de requerimento administrativo neste sentido, é cabível *habeas corpus*, conforme a Súmula nº 2/STJ. A Lei amplia as garantias do titular, ao estabelecer controles para entidades públicas ou privadas que administram dados pessoais. Destaque-se que os agentes de tratamento de dados que não atenderem ao dispositivo estarão sujeitos às sanções administrativas listadas no art. 52, oportunamente analisado.

Há também a possibilidade de requisição de condutas relativas às restrições de uso dos dados, de modo a limitar a atuação dos agentes de tratamento de dados. Conforme análise do art. 15, I, o término do tratamento de dados pessoais ocorrerá quando os dados deixarem de ser necessários ou pertinentes ao alcance da finalidade específica almejada, ou quando houver revogação do consentimento. Assim, o preceito em análise estabelece que tal previsão legal pode ser requerida pelo titular, quando os dados se tornarem desnecessários ou impertinentes, totalmente ou parcialmente. Havendo parcela dos dados ainda necessária ao tratamento, o preceito aplica-se à parte restante.

As condutas relativas à alteração dos dados referem-se à alteração de dados incompletos, inexatos ou desatualizados. Novamente, já era garantido ao titular o direito à retificação de dados de registros ou bancos de dados de entidades governamentais ou de caráter público. A Lei amplia a proteção, garantindo tal direito em face de entidades públicas ou privadas, e estabelecendo sanções administrativas aplicáveis em casos de infração.

Finalmente, o titular pode requisitar condutas relativas ao compartilhamento dos dados, seja para identificar o destinatário de compartilhamentos anteriores, seja para promover a substituição do prestador de serviços, por meio de portabilidade.

◆ ◆ ◆

Art. 19. A confirmação de existência ou o acesso a dados pessoais serão providenciados, mediante requisição do titular:

I - em formato simplificado, imediatamente; ou

II - por meio de declaração clara e completa, que indique a origem dos dados, a inexistência de registro, os critérios utilizados e a finalidade do tratamento, observados os segredos comercial e industrial, fornecida no prazo de até 15 (quinze) dias, contado da data do requerimento do titular.

§ 1º Os dados pessoais serão armazenados em formato que favoreça o exercício do direito de acesso.

§ 2º As informações e os dados poderão ser fornecidos, a critério do titular:

I - por meio eletrônico, seguro e idôneo para esse fim; ou

II - sob forma impressa.

§ 3º Quando o tratamento tiver origem no consentimento do titular ou em contrato, o titular poderá solicitar cópia eletrônica integral de seus dados pessoais, observados os segredos comercial e industrial, nos termos de regulamentação da autoridade nacional, em formato que permita a sua utilização subsequente, inclusive em outras operações de tratamento.

§ 4º A autoridade nacional poderá dispor de forma diferenciada acerca dos prazos previstos nos incisos I e II do caput deste artigo para os setores específicos.

A requisição das condutas relativas ao acesso aos dados, discutidas nos art. 18, é regulada pela Lei, consoante o disposto no preceito em análise. Apenas o titular, ou seu representante legal, detém legitimidade para requerer informações da existência dos dados e o seu acesso, podendo optar pela declaração em formato simplificado ou completo, em meio eletrônico ou sob forma impressa. Não há especificação a respeito do conteúdo que deve constar no formato simplificado, de forma que se pode interpretar como sendo o mínimo necessário ao atendimento à requisição. Em outras palavras, é suficiente i) a apresentação imediata de resposta objetiva quanto à existência de tratamento e/ou ii) o acesso aos dados. Alternativamente, poderá requisitar declaração completa, que deve ser fornecida em até 15 (quinze) dias, com a apresentação das informações legais previstas, quais sejam, a origem dos dados, a inexistência de registro, os critérios utilizados e a finalidade do tratamento, observados os segredos comercial e industrial.

◆ ◆ ◆

Art. 20. O titular dos dados tem direito a solicitar a revisão de decisões tomadas unicamente com base em tratamento automatizado de dados pessoais que afetem seus interesses, incluídas as decisões destinadas a definir o seu perfil pessoal, profissional, de consumo e de crédito ou os aspectos de sua personalidade. (Redação dada pela Lei nº 13.853, de 2019)

§ 1º O controlador deverá fornecer, sempre que solicitadas, informações claras e adequadas a respeito dos critérios e dos procedimentos utilizados para a decisão automatizada, observados os segredos comercial e industrial.

§ 2º Em caso de não oferecimento de informações de que trata o § 1º deste artigo baseado na observância de segredo comercial e industrial, a autoridade nacional poderá realizar auditoria para verificação de aspectos discriminatórios em tratamento automatizado de dados pessoais.

§ 3º (VETADO). (Incluído pela Lei nº 13.853, de 2019)

Trata-se de uma garantia do titular de que falhas decorrentes de tratamento automatizado de dados, como as tomadas de decisão em sistemas autônomos ou classificações de dados por inteligência artificial, não lhe acarretem prejuízos. Nesse contexto, o titular poderá solicitar esclarecimentos a respeito dos procedimentos utilizados, ou seja, a metodologia implementada no algoritmo que promoveu o tratamento dos dados.

Constou na proposição aprovada pelo Congresso Nacional o § 3º, assim redigido:

> *"§ 3º A revisão de que trata o caput deste artigo deverá ser realizada por pessoa natural, conforme previsto em regulamentação da autoridade nacional, que levará em consideração a natureza e o porte da entidade ou o volume de operações de tratamento de dados."*

A Presidência da República vetou a proposta por contrariedade ao interesse público,

> *"tendo em vista que tal exigência inviabilizará os modelos atuais de planos de negócios de muitas empresas, notadamente das startups, bem como impacta*

Em decorrência do veto presidencial, não é obrigatório que a revisão das decisões automatizadas seja realizada por pessoa natural, sendo autorizado que a entidade responsável pelo tratamento promova nova decisão automatizada substitutiva à primeira. Para Taisa Maria Macena de Lima e Maria de Fátima Freire de Sá[31], a revisão por pessoa natural seria mais apta a corrigir eventuais discriminações decorrentes de processos algorítmicos e dar concretude aos princípios da transparência e da responsabilidade no tratamento de dados pessoais.

A melhor solução para os procedimentos de revisão parece ser, de fato, a ponderação diante da complexidade de dados e do tratamento realizado, bem como os recursos disponíveis no caso concreto. É fato que desvios decorrentes de falhas computacionais eventualmente não poderão ser corrigidos em revisões automatizadas, entre outros fatores, por limitações tecnológicas. Por outro lado, pode-se cogitar a ocorrência de situações em que, em virtude da complexidade dos processos, um processo manual de execução do algoritmo (o chamado teste de mesa) não será viável. Nesse contexto, parece acertada a decisão de permitir uma adequação da metodologia de revisão às necessidades do caso concreto, garantindo-se ao titular informações claras e adequadas a respeito dos critérios e dos procedimentos utilizados.

O preceito estabelece ainda a competência da autoridade nacional de realizar, em suas ações de fiscalização, auditorias de tecnologia da informação, com o objetivo de constatar eventuais aspectos discriminatórios em tratamento automatizado de dados.

◆ ◆ ◆

Art. 21. Os dados pessoais referentes ao exercício regular de direitos pelo titular não podem ser utilizados em seu prejuízo.

Uma vez reconhecidos os direitos fundamentais pelo ordenamento jurídico, o desafio seguinte é garantir o seu livre exercício, sem prejuízos decorrentes. Não se trata de um problema trivial, conforme demonstra a experiência em outras disciplinas jurídicas. Camila de Moraes[32] ilustra a situação relatando que diversas empresas consultam a base de dados relativa à consulta processual da Justiça do Trabalho, para saber se os candidatos a empregos ajuizaram reclamações trabalhistas contra os ex-empregadores. O tema foi tratado no art. 5º da Resolução nº 121/2010 do Conselho Nacional de Justiça (CNJ), que determina que a disponibilização de consultas às bases de decisões judiciais impedirá, quando possível, a busca pelo nome das partes.

Dificuldade semelhante se vislumbra no exercício regular de direitos de proteção de dados. Para Oliva e Viégas[33], seria o caso do uso de sistema *scoring* em que viesse a ser incluída, como variável de determinada fórmula, informação a respeito da existência de ação ajuizada pelo titular para compensação por dano moral em virtude de cadastro indevido. No mesmo sentido, Bioni e Mendes[34] mencionam que exemplo de aplicação desse artigo seria o caso em que o exercício do direito de acesso pelo titular ao seu histórico de crédito é utilizado em seu prejuízo, reduzindo o seu *credit score*.

◆ ◆ ◆

Art. 22. A defesa dos interesses e dos direitos dos titulares de dados poderá ser exercida em juízo, individual ou coletivamente, na forma do disposto na legislação pertinente, acerca dos instrumentos de tutela individual e coletiva.

O dispositivo caracteriza a LGPD como um instrumento de

defesa de direitos individuais e coletivos. Recorrendo à legislação sobre processos coletivos – notadamente aos arts. 5º da Lei n.º 7.347/1985 e 82 do Código de Defesa do Consumidor –, André Roque indica o rol de legitimados para a tutela de dados pessoais em juízo[35]: a) Ministério Público, que possui legitimação para a tutela dos direitos coletivos em geral; b) Defensoria Pública, com legitimidade ampla para atuar na defesa de interesse de hipossuficiente; c) Administração Pública, incluindo-se a ANPD; d) associações civis desde que constituídas há pelo menos um ano, nos casos em que houver pertinência temática; e) o indivíduo, que, além de atuar na defesa de seus interesses individuais, pode propor ação popular, ou nos casos em que não houver nenhum legitimado coletivo disponível.

CAPÍTULO IV – DO TRATAMENTO DE DADOS PESSOAIS PELO PODER PÚBLICO (ARTS. 23 A 32)

Seção I
Das Regras

Art. 23. O tratamento de dados pessoais pelas pessoas jurídicas de direito público referidas no parágrafo único do art. 1º da Lei nº 12.527, de 18 de novembro de 2011 (Lei de Acesso à Informação), deverá ser realizado para o atendimento de sua finalidade pública, na persecução do interesse público, com o objetivo de executar as competências legais ou cumprir as atribuições legais do serviço público, desde que:

I - sejam informadas as hipóteses em que, no exercício de suas competências, realizam o tratamento de dados pessoais, fornecendo informações claras e atualizadas sobre a previsão legal, a finalidade, os procedimentos e as práticas utilizadas para a execução dessas atividades, em veículos de fácil acesso, preferencialmente em seus sítios eletrônicos;

II - (VETADO); e

III - seja indicado um encarregado quando realizarem operações de tratamento de dados pessoais, nos termos do art. 39 desta Lei; e

(Redação dada pela Lei nº 13.853, de 2019)

IV - (VETADO). (Incluído pela Lei nº 13.853, de 2019)

§ 1º A autoridade nacional poderá dispor sobre as formas de publicidade das operações de tratamento.

§ 2º O disposto nesta Lei não dispensa as pessoas jurídicas mencionadas no caput deste artigo de instituir as autoridades de que trata a Lei nº 12.527, de 18 de novembro de 2011 (Lei de Acesso à Informação).

§ 3º Os prazos e procedimentos para exercício dos direitos do titular perante o Poder Público observarão o disposto em legislação específica, em especial as disposições constantes da Lei nº 9.507, de 12 de novembro de 1997 (Lei do Habeas Data), da Lei nº 9.784, de 29 de janeiro de 1999 (Lei Geral do Processo Administrativo), e da Lei nº 12.527, de 18 de novembro de 2011 (Lei de Acesso à Informação).

§ 4º Os serviços notariais e de registro exercidos em caráter privado, por delegação do Poder Público, terão o mesmo tratamento dispensado às pessoas jurídicas referidas no caput deste artigo, nos termos desta Lei.

§ 5º Os órgãos notariais e de registro devem fornecer acesso aos dados por meio eletrônico para a administração pública, tendo em vista as finalidades de que trata o caput deste artigo.

Conforme o disposto no art. 5º, X, o tratamento pode ser compreendido como toda operação realizada com dados pessoais, como as que se referem a coleta, produção, recepção, classificação, utilização, acesso, reprodução, transmissão, distribuição, processamento, arquivamento, armazenamento, eliminação, avaliação ou controle da informação, modificação, comunicação, transferência, difusão ou extração. É, portanto, um evento decorrente da vontade humana, regulado pela presente Lei, e que gera consequências jurídicas. Em suma, o tratamento de dados pessoais é um ato jurídico.

Ocorre que, no caso de tratamento de dados pessoais referido no preceito em análise, há um conjunto de características a serem consideradas que o difere dos demais.

Inicialmente, verifica-se que aquele que realizará o tratamento será pessoa jurídica de direito público. Há uma referência expressa ao art. 1º da Lei de Acesso à Informação, que menciona os seguintes destinatários: a) União, Estados, Distrito Federal e Municípios; b) os órgãos públicos integrantes da administração direta dos Poderes Executivo, Legislativo, incluindo as Cortes de Contas, e Judiciário e do Ministério Público; e c) as autarquias, as fundações públicas, as empresas públicas, as sociedades de economia mista e demais entidades controladas direta ou indiretamente pela União, Estados, Distrito Federal e Municípios. Incluem-se no regramento, ainda, os serviços notariais e de registro exercidos em caráter privado, por delegação do Poder Público, que devem também fornecer acesso aos dados por meio eletrônico para a Administração Pública. O tratamento é, portanto, ato do Estado ou de quem lhe faça as vezes.

Considere-se ainda que a finalidade do tratamento de dados não pode ser outra senão o atendimento ao interesse público. Qualquer ato promovido pela referida pessoa jurídica de direito público que se afaste da estrita busca do interesse público incorrerá em nulidade por vício insanável de abuso de poder na modalidade desvio de finalidade.

Além disso, o tratamento será realizado por estrito cumprimento de dever legal, observadas as competências legais do órgão responsável pela operação. De oura forma, ocorrido o tratamento por pessoa jurídica incompetente, ter-se-á abuso de poder na modalidade excesso de poder, igualmente caracterizando a nulidade do ato.

Desta forma, de acordo com a análise dos elementos apresentados no *caput*, constata-se que o tratamento de dados em análise é ato administrativo, enquadrando-se na definição de Celso Antônio Bandeira de Mello[36]:

> *"É possível conceituar ato administrativo como: declaração do Estado (ou de quem lhe faça as vezes – como, por exemplo, um concessionário de serviço*

*público), no exercício de prerrogativas públicas, mani-
festada mediante providências jurídicas complementares da lei a título de lhe dar cumprimento, e sujeitas
a controle de legitimidade por órgão jurisdicional."*

Além de estar inserido na competência da pessoa jurídica de direito público, o tratamento dos dados pessoais deve ser informado à sociedade, preferencialmente utilizando-se da Internet. Evidentemente não se trata de expor os dados pessoais, mas sim de justificar sua utilização, indicando a metodologia adotada e a finalidade a ser alcançada. Dessa maneira, busca-se evitar a odiosa prática de irregular utilização de dados pessoais pelo Estado na formulação de listas de cidadãos, em virtude de posições políticas ou opiniões pessoais. De todo modo, a Lei autoriza que a autoridade nacional pode estabelecer regras específicas que garantam a transparência de operações de tratamento conduzidas por pessoas jurídicas de direito público.

Por se tratar de ato do Poder Público, devem ser aplicados com especial atenção os princípios da transparência (art. 6º, VI), como da responsabilização e prestação de contas (art. 6º, X). Por este motivo, é imperiosa a indicação de encarregado, para atuar como canal de comunicação entre o Estado e a sociedade. As competências do encarregado serão objeto da análise do art. 41 da Lei.

O § 2º do preceito em análise esclarece ainda que as pessoas jurídicas de direito público permanecem com o dever de instituir as autoridades referidas na Lei de Acesso à Informação (LAI). O dispositivo referido é o art. 40 daquela Lei, que determina a nomeação de autoridade pelo dirigente máximo de cada órgão ou entidade da Administração Pública Federal Direta e Indireta. Este agente público exerce as seguintes atribuições: I) assegurar o cumprimento das normas relativas ao acesso à informação, de forma eficiente e adequada aos objetivos da LAI; II) monitorar a implementação do disposto na LAI e apresentar relatórios periódicos sobre o seu cumprimento; III) recomendar as medidas indispensáveis à implementação e ao aperfeiçoamento das normas e procedimentos necessários ao correto cumprimento do disposto na LAI; e IV) orientar as respectivas unidades no que se refere ao cumprimento do disposto na LAI e seus regulamentos.

Há ainda previsão expressa de que os prazos e procedimentos aplicáveis aos órgãos e entidades públicas serão os dispostos em legislação específica. Nesse sentido, cabe considerar as regras a seguir descritas, em apertada síntese:

a) Em relação à Lei do *Habeas Data*, o requerimento de acesso será apresentado ao órgão ou entidade depositária do registro ou banco de dados e será deferido ou indeferido no prazo de quarenta e oito horas. A decisão será comunicada ao requerente em vinte e quatro horas. Ao deferir o pedido, o depositário do registro ou do banco de dados marcará dia e hora para que o requerente tome conhecimento das informações. Constatada a inexatidão de qualquer dado a seu respeito, o interessado, em petição acompanhada de documentos comprobatórios, poderá requerer sua retificação. Feita a retificação em, no máximo, dez dias após a entrada do requerimento, a entidade ou órgão depositário do registro ou da informação dará ciência ao interessado. Ainda que não se constate a inexatidão do dado, se o interessado apresentar explicação ou contestação sobre o mesmo, justificando possível pendência sobre o fato objeto do dado, tal explicação será anotada no cadastro do interessado.

b)   No tocante à Lei Geral do Processo Administrativo, o requerimento inicial do interessado, salvo casos em que for admitida solicitação oral, deve ser formulado por escrito e conter os dados legalmente previstos. As atividades de instrução destinadas a averiguar e comprovar os dados necessários à tomada de decisão realizam-se de ofício ou mediante impulsão do órgão responsável pelo processo, sem prejuízo do direito dos interessados de propor atuações probatórias. Concluída a instrução de processo administrativo, a Administração tem o prazo de até trinta dias para decidir, salvo prorrogação por igual período expressamente motivada. Das decisões administrativas cabe recurso, em face de razões de legalidade e de mérito. O recurso será dirigido à autoridade que proferiu a decisão, a qual, se não a reconsiderar no prazo de cinco dias, o encaminhará à autoridade superior. Salvo disposição legal específica, é de dez dias o prazo para interposição de recurso administrativo, contado a partir da ciência ou divulgação oficial da decisão recorrida. Quando a lei não fixar prazo diferente, o recurso administrativo deverá ser decidido no prazo máximo de trinta dias, a partir do recebimento dos autos pelo órgão competente. Os prazos começam a correr a partir da data da cientificação oficial, excluindo-se da contagem o dia do começo e incluindo-se o do vencimento.

c) Quanto à Lei de Acesso à Informação, qualquer interessado poderá apresentar pedido de acesso a informações aos órgãos e entidades de direito público, por qualquer meio legítimo, devendo o pedido conter a identificação do requerente e a especificação da informação requerida. Não sendo possível conceder o acesso imediato, o órgão ou entidade que receber o pedido deverá, em prazo não superior a 20 (vinte) dias, comunicar a data, local e modo para atendimento da solicitação; indicar as razões de fato ou de direito da recusa; ou comunicar que não possui a informação, orientando quando ao atendimento da demanda por outro órgão ou entidade. No caso de indeferimento de acesso a informações ou às razões da negativa do acesso, poderá o interessado interpor recurso contra a decisão no prazo de 10 (dez) dias a contar da sua ciência. O recurso será dirigido à autoridade hierarquicamente superior à que exarou a decisão impugnada, que deverá se manifestar no prazo de 5 (cinco) dias. Negado o acesso à informação pelos órgãos ou entidades do Poder Executivo Federal, o requerente poderá recorrer à Controladoria-Geral da União, que deliberará no prazo de 5 (cinco) dias em relação às providências pertinentes.

Consta ainda na proposição aprovada pelo Congresso Nacional o inciso II, assim redigido:

II - sejam protegidos e preservados dados pessoais de requerentes de acesso à informação, nos termos da Lei nº 12.527, de 18 de novembro de 2011 (Lei de Acesso à Informação), vedado seu compartilhamento no âmbito do Poder Público e com pessoas jurídicas de direito privado;

No mesmo sentido, foi igualmente vetado o inciso IV, assim redigido no texto aprovado da Lei nº 13.853, de 2019:

IV - sejam protegidos e preservados dados pessoais de requerentes de acesso à informação, no âmbito da Lei nº 12.527, de 18 de novembro de 2011, vedado seu compartilhamento na esfera do poder público e com pessoas jurídicas de direito privado.

Em ambas as manifestações, a Presidência da República justificou seu posicionamento como uma defesa da segurança jurídica, tendo em vista que o compartilhamento de informações relacionadas à pessoa natural identificada ou identificável, que não deve ser confundido com a quebra do sigilo ou com o acesso público, é medida recorrente e essencial para o regular exercício de diversas atividades e políticas públicas. Mencionou que, a título de exemplos, há o caso do banco de dados da Previdência Social e do Cadastro Nacional de Informações Sociais, cujas informações são utilizadas para o reconhecimento do direito de seus beneficiários e alimentados a partir do compartilhamento de diversas bases de dados administrados por outros órgãos públicos, bem como algumas atividades afetas ao poder de polícia administrativa que poderiam ser inviabilizadas no âmbito do Sistema Financeiro Nacional.

Com o devido respeito, os incisos II e IV representam particular ameaça à segurança jurídica, uma vez que a proteção dos dados pessoais dos requerentes e as regras de compartilhamento já estão descritas nos demais dispositivos da norma, notadamente nos Capítulos II e III. Isto porque, ainda que vetados os incisos em análise, os dados pessoais de requerentes de acesso à informação são, afinal, *dados pessoais*, e como tais encontram-se abrangidos no escopo da norma, delimitado no art. 1º, *caput*. O texto vedado representaria um válido reforço à proteção do titular. De todo modo, o compartilhamento de dados pelo Poder Público deve observar o disposto no art. 7º, bem como no art. 26 e seguintes, oportunamente analisados.

◆ ◆ ◆

Art. 24. As empresas públicas e as sociedades de economia mista que atuam em regime de concorrência, sujeitas ao disposto no art. 173 da Constituição Federal, terão o mesmo tratamento dispensado às pessoas jurídicas de direito privado particulares, nos termos desta Lei.

Parágrafo único. As empresas públicas e as sociedades de economia mista, quando estiverem operacionalizando políticas públicas e no âmbito da execução delas, terão o mesmo tratamento dispensado aos órgãos e às entidades do Poder Público, nos termos deste Capítulo.

A intervenção do Estado no mercado deriva da necessidade do Poder Público de corrigir falhas de mercado, proteger as relações de consumo e promover o bem-estar econômico e social. O fundamento jurídico da intervenção pode ser encontrado na Constituição econômica, que, ao tempo em que defende o valor social do trabalho e da livre iniciativa, determina a atuação do Estado na defesa da concorrência e na proteção do consumidor.

Para Alexandre de Aragão[37], as formas de atuação do Estado na economia podem ser agrupadas da seguinte forma: a) atuação direta, quando há integral prestação do serviço pelo Estado ou atuação simultânea com entidades privadas; ou b) atuação in-

69

direta, quando há imposição de normas para o funcionamento do mercado ou quando o Poder Público cria estímulos em relação ao comportamento de entidades privadas.

A atuação direta na economia é promovida através de empresas públicas e sociedades de economia mista. Nos termos da Lei nº 13.303/2016, empresa pública é a entidade dotada de personalidade jurídica de direito privado, com criação autorizada por lei e com patrimônio próprio, cujo capital social é integralmente detido pela União, pelos Estados, pelo Distrito Federal ou pelos Municípios. Por sua vez, sociedade de economia mista é a entidade dotada de personalidade jurídica de direito privado, com criação autorizada por lei, sob a forma de sociedade anônima, cujas ações com direito a voto pertençam em sua maioria à União, aos Estados, ao Distrito Federal, aos Municípios ou a entidade da Administração Indireta.

Embora se trate de pessoas jurídicas de direito privado, as empresas públicas e sociedades de economia mista estão submetidas a regime jurídico híbrido, ora se submetendo aos princípios da Administração Pública, ora atuando em paridade com particulares, preservando-se à concorrência. Em particular, quando atuarem na operacionalização e execução de políticas públicas, serão equiparadas a órgãos e às entidades do Poder Público para os efeitos desta Lei. Caso contrário, estarão submetidas às mesmas normas aplicáveis a particulares.

◆ ◆ ◆

Art. 25. Os dados deverão ser mantidos em formato interoperável e estruturado para o uso compartilhado, com vistas à execução de políticas públicas, à prestação de serviços públicos, à descentralização da atividade pública e à disseminação e ao acesso das informações pelo público em geral.

O uso compartilhado de dados pelo Poder Público deve ser analisado através de duas abordagens, que demonstram a interdisciplinaridade da norma. Inicialmente, há de se ponderar a respeito da legalidade do ato, em atenção aos direitos individuais do titular, notadamente seu direito fundamental à privacidade, que figura como fundamento desta norma, nos termos do art. 2º, I. O uso compartilhado somente ocorrerá se observados os requisitos legais, destacando-se o disposto no art. 26, quanto aos limites de atuação do Poder Público.

Uma vez que a análise de legalidade do caso concreto autorize, de fato, o uso compartilhado, faz-se necessário observar os requisitos quanto à arquitetura dos dados, isto é, quanto ao formato em que serão armazenados e a metodologia utilizada para sua transmissão, utilização e reutilização. O compartilhamento dos dados depende do estabelecimento de padrões que assegurem a comunicação entre sistemas e processos. Nesse contexto, a Lei introduz os conceitos de interoperabilidade e de dados estruturados.

De acordo com Delfina Soares e Luis Amaral[38], interoperabilidade é a capacidade de duas ou mais entidades heterogêneas e de operação autônoma de trocar e usar informações ou funcionalidades uma da outra, de maneira correta, conveniente e sem um esforço significativo, a fim de contribuir para a realização de um propósito específico. A utilização de conceitos abstratos na definição decorre da amplitude dos sentidos atribuídos ao termo. Ao utilizá-lo no contexto do Poder Público, Ernani Marques dos Santos[39] afirma que, do ponto de vista técnico, é a habilidade de dois ou mais sistemas ou componentes de tecnologias de informação e comunicação governamentais de trocar informações de forma transparente e de usar as informações trocadas.

Além de representar um requisito a ser considerado no desenvolvimento dos sistemas governamentais, é necessário estabelecer o formato em que os dados serão representados. Nesse sentido, pode-se classificar os dados em estruturados e não estruturados. Os dados não estruturados são aqueles que não representam um agrupamento ordenado de informações. Ao contrário, representam um elemento, uma informação, que não pode ser associada a um conjunto de campos e valores. É o caso de uma imagem compartilhada em um aplicativo de mensagem, ou ainda um vídeo, um texto ou uma gravação de voz. Evidentemente, o arquivo possui um formato bem definido, capaz de ser lido e processado pelo sistema destinatário. Entretanto, seu conteúdo não está associado a um conjunto maior, capaz de combinar as informações em um objeto complexo. Por sua vez, os dados estruturados permitem esta combinação, associando diversos tipos e valores de dados, e permitindo o estabelecimento de relações entre eles. Ao transmitir à Receita Federal do Brasil um arquivo de Declaração do Imposto sobre a Renda da Pessoa Física, o contribuinte disponibiliza um conjunto de dados agrupados, com tipos e valores pré-determinados, para que sejam processados por aquela entidade. Perceba que os dados, neste caso, estão estruturados, podendo até mesmo ser organizados em uma tabela, com linhas e colunas.

É bem verdade que, muitas vezes, na transmissão de imagens, textos e gravações simples, é enviado no próprio arquivo um conjunto de descrições a respeito da mensagem. É o que se denomina metadados, que são dados sobre dados. Isto é, são informados o tamanho do arquivo, a forma como deve ser lido pelo destinatário, seu título, entre outras informações referentes a este objeto singular que, neste contexto, é classificado como dado semiestruturado.

O fato é que a transmissão e o gerenciamento de grandes volumes de dados não estruturados não são uma tarefa simples. Por este motivo, a maior parte dos sistemas de gerenciamento de banco de dados utiliza dados estruturados, estabelecendo relações entre dados, organizados em tabelas. Trata-se do modelo de dados relacional básico, que representa um banco de dados como uma coleção de tabelas, na qual cada uma delas pode ser armazenada como um arquivo separado. A maioria dos bancos de dados relacionais usa uma linguagem de consulta chamada SQL (*Standard Query Language*) [40].

Dessa forma, buscando garantir o melhor gerenciamento na transmissão e utilização dos dados, o preceito em análise estabelece que os dados pessoais serão armazenados de forma estruturada e tendo em conta os conceitos de interoperabilidade.

◆ ◆ ◆

Art. 26. O uso compartilhado de dados pessoais pelo Poder Público deve atender a finalidades específicas de execução de políticas públicas e atribuição legal pelos órgãos e pelas entidades públicas, respeitados os princípios de proteção de dados pessoais elencados no art. 6º desta Lei.

§ 1º É vedado ao Poder Público transferir a entidades privadas dados pessoais constantes de bases de dados a que tenha acesso, exceto:

I - em casos de execução descentralizada de atividade pública que exija a transferência, exclusivamente para esse fim específico e determinado, observado o disposto na Lei nº 12.527, de 18 de novembro de 2011 (Lei de Acesso à Informação);

II - (VETADO);

III - nos casos em que os dados forem acessíveis publicamente, observadas as disposições desta Lei.

IV - quando houver previsão legal ou a transferência for respaldada em contratos, convênios ou instrumentos congêneres; ou (Incluído pela Lei nº 13.853, de 2019)

V - na hipótese de a transferência dos dados objetivar exclusivamente a prevenção de fraudes e irregularidades, ou proteger e resguardar a segurança e a integridade do titular dos dados, desde que vedado o tratamento para outras finalidades. (Incluído pela Lei nº 13.853, de 2019)

§ 2º Os contratos e convênios de que trata o § 1º deste artigo deverão ser comunicados à autoridade nacional.

Nos casos em que o Poder Público pretende compartilhar dados pessoais, as atenções se voltam para o destinatário de tal operação. O fato é que, diante do recebimento de autorização de acesso, esta segunda entidade poderá efetuar operações sobre os dados pessoais, o que configura tratamento conforme o art. 5º, X. A rigor, o compartilhamento dos dados não configura, em si, o tratamento de dados pela nova entidade, mas sim o seu efetivo acesso ou coleta. A distinção será importante para efeitos de responsabilização decorrente de compartilhamento ilegal dos dados. De todo modo, diante da possibilidade de compartilhamento de dados pelo Poder Público, passa a lei a dispor de requisitos a serem observados.

O preceito dialoga com o art. 7º, pois o acesso aos dados compartilhados configurará novo tratamento de dados pessoais, sujeitando a operação aos dispositivos previstos nesta Lei. Nesse sentido, as hipóteses apresentadas naquele artigo já representam uma limitação ao início de novo tratamento de dados pela nova entidade. Entretanto, ao regular ato do compartilhamento pelo Poder Público, que ocorre em momento anterior ao novo tratamento, a Lei apresenta novos dispositivos, analisados a seguir.

Estará autorizada à transferência a entidade privada que atua na execução descentralizada de atividade pública que exija a transferência. É o caso, por exemplo, de organizações sociais que exercem atividade de interesse público.

Situação trivial é o caso de se tratar de informações acessíveis publicamente, visto que o destinatário do compartilhamento poderia inclusive obtê-las sem a atuação do ente público. Como já analisado, deve ser aplicado o art. 7º, § 3º, uma vez que, ainda que decida por tornar públicos seus dados pessoais, o titular possui direitos protegidos pelo ordenamento jurídico, notadamente em relação à preservação de sua honra e imagem, de forma que os abusos devem ser objeto de responsabilização.

Em atenção ao princípio da legalidade, que vincula a Administração Pública, os dados devem ser compartilhados com entidade privada nos casos em que a Lei determinar. É ainda autorizado o compartilhamento por disposição contratual, convênios ou instrumentos congêneres. Neste ponto uma crítica: não se afigura aceitável que ente público seja parte de negócio jurídico genérico que envolva dados pessoais de administrados. Da forma como foi redigido, o dispositivo oferece margem para abusos por parte da Administração Pública, que poderá compartilhar livremente dados pessoais com entidades privadas, bastando um mero ajuste entre si. Em que pese o preceito estabelecer que a autoridade nacional será comunicada de tais contratos e convênios, é de fato inaceitável que tal compartilhamento ocorra por acordo entre as partes pública e privada sem consentimento do titular nem previsão legal específica. Esta situação, que tanto expõe os administrados, foi resultado das alterações ocorridas após o veto presidencial ao inciso II, que previa o que se segue:

II - quando houver previsão legal e a transferência for respaldada em contratos, convênios ou instrumentos congêneres;

A justificativa para o veto ao dispositivo foi a utilização da conjunção "e", que, em interpretação literal, exigia cumulativamente previsão legal e respaldo em contratos, convênios ou instrumentos congêneres para o compartilhamento de dados pessoais entre o Poder Público e entidades privadas. Alegou-se que diversos procedimentos relativos à transferência de dados pessoais encontram-se detalhados em atos normativos infralegais. Com a alteração, passou a constar no dispositivo a conjunção alternativa "ou", dando margem ao compartilhamento de dados pessoais com entes privados por mera previsão contratual.

Finalmente, é autorizado o compartilhamento para prevenção de fraudes e irregularidades, ou para resguardar a segurança e a integridade do titular dos dados. De fato, são situações em que a atuação do Poder Público é emergencial, sob pena de resultar em mal maior ao titular e à sociedade.

❖ ❖ ❖

Art. 27. A comunicação ou o uso compartilhado de dados pessoais de pessoa jurídica de direito público a pessoa de direito privado será informado à autoridade nacional e dependerá de consentimento do titular, exceto:
I - nas hipóteses de dispensa de consentimento previstas nesta Lei;

II - nos casos de uso compartilhado de dados, em que será dada publicidade nos termos do inciso I do caput do art. 23 desta Lei; ou

III - nas exceções constantes do § 1º do art. 26 desta Lei.

Parágrafo único. A informação à autoridade nacional de que trata o caput deste artigo será objeto de regulamentação. (Incluído pela Lei nº 13.853, de 2019)

A confusa redação do preceito em análise exige do intérprete atenção quanto à aplicação da norma. De início, objetiva-se estabelecer, como regra geral, dois requisitos à comunicação ou ao uso compartilhado de dados: a comunicação à autoridade nacional e o consentimento do titular. Atente-se que não se requer autorização da autoridade nacional para a operação, mas tão somente a comunicação àquele órgão, que poderá, a seu juízo, promover atos fiscalizatórios. Pode-se inferir, entretanto, que o contato deverá ser prévio, porque, sendo posterior, haverá um período entre o compartilhamento e o referido contato, sem que tenha sido observado o *caput* deste artigo, configurando situação de ilegalidade. Com relação ao consentimento, o próprio dispositivo prevê expressamente que deverá ocorrer anteriormente ao compartilhamento.

Em seguida, a Lei apresenta uma séria de exceções a tal procedimento. Em outras palavras, trata-se de situações em que a comunicação à autoridade nacional não é exigida, tampouco o consentimento prévio. Nesse sentido, são situações que ampliam as possibilidades da Administração Pública de atuar sem a observância de tais requisitos.

Inicialmente, excepcionam-se da aplicação dos requisitos do *caput* as hipóteses de dispensa de consentimento previstas nesta Lei. Recorde-se que, nas hipóteses do art. 7º, II a X, o tratamento de dados pessoais poderá ser realizado independentemente do fornecimento de consentimento pelo titular. Nesse contexto, é possível fazer uma relação entre o compartilhamento de dados pelo Poder Público e o início de novo tratamento pela pessoa de direito privado. Nos casos em que o novo tratamento pode se iniciar independentemente de consentimento, este também será dispensado para que o ente público promova o compartilhamento, assim como a comunicação à autoridade nacional.

Em seguida, em confusa redação, o preceito dispensa os requisitos do *caput*, literalmente, para os casos de uso compartilhado de dados. Neste ponto, o intérprete deverá recorrer a uma interpretação sistemática da norma. Caso contrário, concluirá equivocadamente que, em todos os casos de compartilhamento de dados pelo ente público em favor de pessoa de direito privado, estarão dispensados a comunicação à autoridade nacional e o consentimento do titular. Assim se configuraria uma situação em que a regra geral do *caput* seria, em todos os casos, inaplicável, o que não se afigura como uma interpretação razoável. Vale destacar que a norma ainda faz referência à necessidade de publicidade nos termos do inciso I do *caput* do art. 23. No entanto, o referido dispositivo já é requisito ao tratamento de dados pessoais pelas pessoas jurídicas de direito público, de modo que não há qualquer inovação quanto à sua aplicação. Assim, deverá prevalecer a interpretação de que, como regra geral, o uso compartilhado de dados requer a comunicação à autoridade nacional, bem como o consentimento do titular.

Finalmente, a regra é excepcionada diante das situações descritas no art. 26, § 1º. Novamente, a redação peca quanto à clareza e racionalidade do dispositivo. Ora, as hipóteses no art. 26, § 1º, são, na verdade, todas as situações em que o Poder Público pode transferir a entidades privadas dados pessoais. Em uma interpretação literal, estaria o ente público dispensado de comunicar os fatos à autoridade nacional e de obter consentimento do titular, em todas as situações em que pode transferir a entidades privadas dados pessoais. A situação ilógica, que retira a aplicabilidade do *caput*, não deve prevalecer. Assim, resta como conclusão que o uso compartilhado de dados requer a comunicação à autoridade nacional, bem como o consentimento do titular, excetuando-se os casos em que tal consentimento é dispensado.

Art. 28. (VETADO).

Consta na proposição aprovada pelo Congresso Nacional o art. 28, assim redigido:

> *Art. 28. A comunicação ou o uso compartilhado de dados pessoais entre órgãos e entidades de direito público será objeto de publicidade, nos termos do inciso I do caput do art. 23 desta Lei.*

As razões do veto sugerem que a publicidade irrestrita da comunicação ou do uso compartilhado de dados pessoais entre órgãos e entidades de direito público, imposta pelo dispositivo, pode tornar inviável o exercício regular de algumas ações públicas, como as de fiscalização, controle e polícia administrativa.

Mais uma vez, há a intenção de flexibilizar as regras de proteção de dados pessoais para a Administração Pública. Com a devida vênia, o exercício regular das funções da Administração Pública direta e indireta se submete aos princípios constitucionalmente estabelecidos, destacando-se entre eles o princípio da publicidade. Ademais, o próprio regime democrático é incompatível com uma autorização irrestrita ao Poder Público, como uma carta branca para utilizar como queira os dados dos administrados.

É bem verdade que há situações em que o acesso irrestrito a determinadas informações, ou a sua ampla divulgação, resulta em prejuízos ao interesse público. Entretanto, como princípio regente da Administração Pública, a publicidade pode ser objeto de ponderações, compatibilizando-se com demais princípios constitucionais, sobretudo diante da necessidade de proteção à segurança da sociedade ou do Estado. Assim, quando for o caso, as informações deverão ser objeto de classificação quanto ao grau e prazo de sigilo, conforme o art. 24 da Lei de Acesso à Informação.

A redação original do art. 28, evidentemente, estaria condicionada às regras estabelecidas pela LAI, por tratar de Lei específica para situações de garantia da segurança da sociedade ou do Estado. O seu veto, entretanto, buscou eximir a Administração Pública da observância à publicidade, regulamentada no art. 23, I, em todos os casos de comunicação ou o uso compartilhado de dados pessoais entre entes públicos.

De todo modo, em que pese a redação original representar importante reforço à proteção dos dados pessoais, a Administração Pública continua submetida ao art. 23, que tem como destinatárias as pessoas jurídicas de direito público. Em particular, submetem-se ao art. 23, I, que autoriza o tratamento de dados pessoais, desde que sejam informadas as hipóteses em que, no exercício de suas competências, realizam o tratamento de dados pessoais, fornecendo informações claras e atualizadas sobre a previsão legal, a finalidade, os procedimentos e as práticas utilizadas para a execução dessas atividades, em veículos de fácil acesso, preferencialmente em seus sítios eletrônicos.

◆ ◆ ◆

Art. 29. A autoridade nacional poderá solicitar, a qualquer momento, aos órgãos e às entidades do poder público a realização de operações de tratamento de dados pessoais, informações específicas sobre o âmbito e a natureza dos dados e outros detalhes do tratamento realizado e poderá emitir parecer técnico complementar para garantir o cumprimento desta Lei. (Redação dada pela Lei nº 13.853, de 2019)

A sujeição do Poder Público às Leis e aos regulamentos é uma conquista da sociedade civil, conquista de longo caminho entre o Estado absolutista e o regime democrático. Porém, seria inútil traçar os limites precisos de funcionamento dos poderes do Estado se não existissem órgãos com capacidade suficiente de impor sua obediência.

Consoante o previsto pelo art. 74 da Constituição Federal de 1988, os Poderes Legislativo, Executivo e Judiciário manterão, de forma integrada, sistema de controle interno para, entre outras finalidades, comprovar a legalidade e avaliar os resultados dos órgãos e entidades da Administração Federal. O controle interno é aquele exercido por órgãos da própria Administração Pública, visando ao aperfeiçoamento de seus processos internos, bem como à proteção do patrimônio público e da transparência da gestão. Entre as a principais funções do controle interno estão a ouvidoria, a controladoria, a auditoria governamental e a correição. São exemplos de órgãos de controle interno a Controladoria Geral da União (CGU), as controladorias dos Estados, e as controladorias dos Municípios.

Ocorre que o preceito em análise atribui à autoridade nacional funções típicas de auditoria governamental, como solicitação de tratamento de dados, bem como de esclarecimentos a respeito de sua utilização. A manifestação da autoridade nacional será exarada em parecer técnico complementar, que faz as vezes de relatório de auditoria interna, elaborado com o objetivo de garantir o cumprimento desta Lei. Em suma, a autoridade nacional assume o papel de órgão de controle interno em temas relativos à proteção de dados pessoais. Nesse sentido, é importante destacar que a autoridade nacional deverá promover cooperação técnica, com órgãos e entidades da Administração Pública responsáveis pela regulação da atividade governamental, conforme previsto no art. 55-J, oportunamente analisado. De fato, é necessário que haja compatibilização da atuação dos órgãos que compõem o sistema de controle interno, sob pena de se verificar, por exemplo, posicionamentos conflitantes entre a autoridade nacional e a CGU.

◆ ◆ ◆

Art. 30. A autoridade nacional poderá estabelecer normas complementares para as atividades de comunicação e de uso compartilhado de dados pessoais.

O estabelecimento de normas complementares, de caráter geral e abstrato, instituindo unilateralmente obrigações aos administrados que atuem na comunicação ou uso compartilhado de dados pessoais, configura o exercício de poder normativo pela autoridade nacional. Assim, cabe a este órgão atuar, nos limites estabelecidos pela Lei, de modo a criar incentivos para que os agentes adotem a conduta que melhor se coaduna ao interesse público.

É interessante destacar que, diante da progressiva especialidade temática das normas necessárias à regulação das relações sociais, bem como em virtude da velocidade com que o desenvolvimento tecnológico altera o funcionamento dos mercados, verificou-se uma atribuição de competências normativas à Administração Pública, anteriormente exercidas tipicamente pelo Poder Legislativo. Este movimento, denominado deslegalização, tem forte influência estadunidense e foi observado, sobretudo, na criação de agências reguladoras.

Vale observar que, de acordo com o previsto no art. 55-A, § 1º, há a expectativa de alteração do regime jurídico da ANPD, que poderá ser transformada pelo Poder Executivo em entidade da Administração Pública Federal Indireta. O modelo é semelhante ao adotado na criação de agências reguladoras setoriais federais, criadas sob o regime de autarquia especial.

No Brasil, diversos administrativistas teceram críticas e buscaram estabelecer limites às funções normativas de entidades reguladoras. Para Di Pietro[41], "não podem as agências baixar normas que afetem direitos individuais, impondo deveres, obrigações, penalidades, ou mesmo outorgando benefícios, sem previsão em lei". Para Figueiredo[42], tais órgãos exercem "competência regulamentar, 'reguladora' subordinada, de segundo grau", pois aponta o autor não ver "espaço normativo para o exercício de outros poderes que não os normativos secundários".

Com a devida vênia, a classificação da expedição de atos normativos por entes reguladores como competências regulamentar não merece prosperar. A função de regulamentação é competência privativa do Presidente da República, conforme o art. 84, IV, da Constituição Federal de 1988. Sendo o poder normativo dos entes reguladores originado a partir de lei ordinária com fundamento constitucional, e não de instrumento de delegação do Poder Executivo, não há como se caracterizar sua atuação como poder de regulamentação clássico.

O posicionamento se coaduna com a doutrina de Sérgio Guerra[43], que destaca:

> *Vale dizer, regulação é mais do que simplesmente baixar atos normativos. Pela regulação se permite o exercício da capacidade técnica das entidades descentralizadas – tecnicismo – para dispor com maior densidade sore a matérias que lhe competem, por força de lei, para equilibrar o subsistema regulado, diversamente das leis que, editadas pelo Poder Legislativo, assumem caráter genérico e sem concretude.*

Em síntese, regulação é modalidade de escolha administrativa, construída em um processo de difusão normativa e de deslegalização, fundada em razões técnicas e direcionada ao alcance da efetividade da Administração Pública. Portanto, pode-se classificar os atos administrativos da autoridade nacional que dispõem sobre atividades de comunicação e de uso compartilhado de dados pessoais como atos de regulação, ou atos regulatórios.

◆ ◆ ◆

Art. 31. Quando houver infração a esta Lei em decorrência do tratamento de dados pessoais por órgãos públicos, a autoridade nacional poderá enviar informe com medidas cabíveis para fazer cessar a violação.

O dispositivo atribui à autoridade nacional a competência de enviar informe a órgãos públicos, no intuito de fazer cessar violação desta Lei. Inicialmente, cabe reflexão a respeito da correspondência do ato administrativo com a competência administrativa discricionária ou vinculada. Em outros termos, a questão é se, identificada infração à norma pela autoridade nacional, poderia o informe com medidas cabíveis deixar de ser enviado.

Neste ponto, cabe relembrar que a atuação da autoridade nacional, a exemplo da própria iniciativa de elaboração desta norma, busca promover a defesa dos direitos dos titulares e, desta forma, atender ao interesse público. Assim, cabe a lição de Celso Antônio Bandeira de Melo[44], para quem as prerrogativas da Administração Pública estão qualificadas como dever-poder:

> *Tendo em vista este caráter de assujeitamento do poder a uma finalidade instituída no interesse de todos – e não da pessoa exercente do poder -, as prerrogativas da Administração não devem ser vistas ou denominadas como "poderes" ou como "poderes-deveres". Antes se qualificam e melhor se designam como "deveres-poderes", pois nisto se ressalta sua índole própria e se atrai atenção para o aspecto subordinado do poder em relação ao dever, sobressaindo, então, o aspecto finalístico que as informa, do que decorrerão suas inerentes limitações.*

Assim, nos casos em que a autoridade nacional identificar infração à esta Lei, não haverá outra hipótese a não ser apresentar as medidas cabíveis ao gestor responsável. De fato, se o desenvolvimento tecnológico e a especialidade temática justificam a criação da autoridade nacional, esta estará, a princípio, em melhores condições de avaliar as ações necessárias para o retorno à legalidade, em atendimento ao interesse público. Destaque-se ainda a aplicabilidade, em relação à autoridade nacional, do art. 74, § 1º, que determina que os responsáveis pelo controle interno, ao tomarem conhecimento de qualquer irregularidade ou ilegalidade, dela darão ciência ao Tribunal de Contas da União, sob pena de responsabilidade solidária.

O informe consolidará os resultados das análises técnicas de sua equipe e contribuirá para a promoção de alterações efetivas na política de tratamento de dados dos órgãos da Administração Pública. Para tanto, deverá atender aos requisitos de clareza, concisão, objetividade, precisão e qualidade.

O conteúdo do informe deverá ser suficiente para que o gestor público destinatário atue com segurança, no sentido de solucionar a demanda na maior brevidade possível. Entretanto, não vincula a sua atuação, podendo o gestor, motivadamente, discordar do cabimento das medidas propostas e, evidentemente, assumir a responsabilidade da sua decisão divergente.

◆ ◆ ◆

Art. 32. A autoridade nacional poderá solicitar a agentes do Poder Público a publicação de relatórios de impacto à proteção de dados pessoais e sugerir a adoção de padrões e de boas práticas para os tratamentos de dados pessoais pelo Poder Público.

A Lei estabelece o conceito do relatório de impacto à proteção de dados pessoais, no art. 5º, XVII, como a documentação do controlador que contém a descrição dos processos de tratamento de dados pessoais que podem gerar riscos às liberdades civis e aos direitos fundamentais, bem como medidas, salvaguardas e mecanismos de mitigação de risco. É, assim, um instrumento de gestão, que consiste na externalização do conhecimento relativo aos riscos da atividade, demandando uma atuação preventiva do controlador.

As primeiras orientações a respeito do modo de elaboração do relatório de impacto à proteção de dados pessoais foram apresentadas pelo Governo Federal através do Guia de Boas Práticas: Lei Geral de Proteção de Dados (LGPD)[45]. De acordo com o documento, a elaboração do relatório contempla as etapas a seguir:

a) Identificar os Agentes de Tratamento e o Encarregado: considerando que o relatório de impacto à proteção de dados pessoais representa, de fato, um importante instrumento de gestão, seu conteúdo deve ser elaborado pelos agentes de tratamento e pelo encarregado, conjuntamente. No modelo apresentado pelo Guia de Boas Práticas, consta, inclusive, os campos de assinatura para cada um desses responsáveis.

b) Identificar a necessidade de elaborar o Relatório: é provável que a autoridade nacional, ao desenvolver o arcabouço regulatório de proteção de dados, manifeste-se a respeito das situações em que há obrigatoriedade de elaboração de relatório de impacto à proteção de dados pessoais. A princípio, a partir do disposto na Lei e no Guia de Boas Práticas, pode-se considerar que há necessidade de elaboração do documento nos casos seguintes: para tratamento de dados pessoais realizados para fins de segurança pública, defesa nacional, segurança do Estado ou atividades de investigação e repressão de infrações penais (exceções previstas pelo inciso III do art. 4º); quando houver infração da LGPD em decorrência do tratamento de dados pessoais por órgãos públicos (arts. 31 e 32 combinados); e a qualquer momento sob determinação da ANPD (art. 38). Além disso, a elaboração do relatório poderá ser feita voluntariamente, por decisão do controlador, buscando-se adotar boas práticas de proteção de dados.

c) Descrever o tratamento: nesta etapa, devem ser descritos a natureza (como os dados serão tratados), o escopo (quais dados serão tratados), o contexto (quais informações relevantes estão associadas ao tratamento) e a finalidade do tratamento (qual o motivo do tratamento).

d) Identificar partes interessadas consultadas: devem ser descritos os atores que foram consultados na elaboração do relatório, desde não haja comprometimento de segredo comercial ou industrial.

e) Descrever necessidade e proporcionalidade: em uma análise de razoabilidade, deve-se ponderar quanto à real necessidade de utilização dos dados pessoais, à eficácia do tratamento em relação ao objeto almejado, e às técnicas utilizadas para a proteção dos titulares.

f) Identificar e avaliar os riscos: o Guia de Boas Práticas

orienta que, na identificação e avaliação dos riscos, deve-se considerar a probabilidade de sua ocorrência, bem como os impactos decorrentes de sua concretização. A metodologia, conhecida por matriz de riscos e aplicada em processos que envolvem análise de risco, comporta uma crítica: em muitos casos, há grande margem de subjetividade em tal avaliação, de modo que os riscos não são devidamente quantificados. Assim, nesses casos, não são tecnicamente considerados riscos, mas incertezas do projeto, o que coloca a metodologia em xeque.

g) Identificar medidas para tratar os riscos: devem ser descritas as condutas a ser adotadas pelos agentes de tratamento em face dos riscos identificados. Também devem ser avaliados os riscos remanescentes, após tais medidas.

h) Aprovar o Relatório: o relatório deve ser subscrito pelos agentes de tratamento e pelo encarregado.

i) Manter revisão: o relatório deve ser periodicamente atualizado e aperfeiçoado.

No Anexo I, é apresentado um modelo do relatório de impacto à proteção de dados pessoais, conforme indicado pelo Guia de Boas Práticas do Governo Federal. O modelo deve ser adaptado de acordo com a complexidade do tratamento dos dados pessoais.

CAPÍTULO V – DA TRANSFERÊNCIA INTERNACIONAL DE DADOS (ARTS. 33 A 36)

Art. 33. A transferência internacional de dados pessoais somente é permitida nos seguintes casos:

I - para países ou organismos internacionais que proporcionem grau de proteção de dados pessoais adequado ao previsto nesta Lei;

II - quando o controlador oferecer e comprovar garantias de cumprimento dos princípios, dos direitos do titular e do regime de proteção de dados previstos nesta Lei, na forma de:

a) cláusulas contratuais específicas para determinada transferência;

b) cláusulas-padrão contratuais;

c) normas corporativas globais;

d) selos, certificados e códigos de conduta regularmente emitidos;

III - quando a transferência for necessária para a cooperação jurídica internacional entre órgãos públicos de inteligência, de investigação e de persecução, de acordo com os instrumentos de direito internacional;

IV - quando a transferência for necessária para a proteção da vida ou da incolumidade física do titular ou de terceiro;

V - quando a autoridade nacional autorizar a transferência;

VI - quando a transferência resultar em compromisso assumido em acordo de cooperação internacional;

VII - quando a transferência for necessária para a execução de política pública ou atribuição legal do serviço público, sendo dada publicidade nos termos do inciso I do caput do art. 23 desta Lei;

VIII - quando o titular tiver fornecido o seu consentimento específico e em destaque para a transferência, com informação prévia sobre o caráter internacional da operação, distinguindo claramente esta de outras finalidades; ou

IX - quando necessário para atender as hipóteses previstas nos incisos II, V e VI do art. 7º desta Lei.

Parágrafo único. Para os fins do inciso I deste artigo, as pessoas jurídicas de direito público referidas no parágrafo único do art. 1º da Lei nº 12.527, de 18 de novembro de 2011 (Lei de Acesso à Informação), no âmbito de suas competências legais, e responsáveis, no âmbito de suas atividades, poderão requerer à autoridade nacional a avaliação do nível de proteção a dados pessoais conferido por país ou organismo internacional.

O ordenamento jurídico de proteção de dados pessoais representa importante garantia estatal perante os demais países e órgãos internacionais. O desenvolvimento de legislação específica sinaliza aos demais países o interesse do Brasil na preservação dos direitos dos titulares de dados, caracterizados como direitos fundamentais, em suas relações internacionais, sobretudo na expansão da cooperação internacional e do comércio internacional.

Sem dúvida a necessidade de prover tais garantias no âmbito internacional acelerou o desenvolvimento da LGPD, sobretudo após o histórico julgamento *Maximilian Schrems v. Data Protection Commissioner*, referido por julgamento Schrems. Na ocasião, o Tribunal de Justiça da União Europeia (TJUE) analisou, pela primeira vez, a regulamentação de transferências internacionais de dados à luz das principais disposições constitucionais da legislação da União Europeia, como o Tratado sobre o Funcionamento da União Europeia e a Carta dos Direitos

Fundamentais da União Europeia[46]. A síntese do julgamento, com seus antecedentes, decisões e consequências, é descrita por Christopher Kuner[47]. O reclamante, Maximilian Schrems, havia apresentado alegações em face da rede social Facebook, perante a Autoridade de Proteção de Dados da Irlanda, ao tempo em que questionava a efetividade do tratado transatlântico de proteção de dados ao qual a organização estava vinculada. Este tratado, conhecido como *Safe Harbour*, consistia em um mecanismo de autorregulação ao qual empresas sediadas nos Estados Unidos poderiam se associar para fornecer proteção aos dados pessoais transferidos pela União Europeia. Considerando que a Comissão Federal de Comércio dos Estados Unidos considerara o *Safe Harbour* uma proteção adequada, a Autoridade de Proteção de Dados da Irlanda negou seguimento à demanda. O reclamante levou a questão ao Supremo Tribunal irlandês, que entendeu que decisão da Comissão não impedia a Autoridade de Proteção de Dados da Irlanda de examinar reinvindicações relacionadas à adequação da proteção. A Corte decidiu ainda que a decisão subjacente ao *Safe Harbour* era inválida.

Kuner[48] observa que a decisão da Corte se concentrou em quatro temas principais: a) afirmação do direito à proteção de dados como um direito fundamental; b) extensão dos direitos de proteção de dados a países terceiros; c) fortalecimento do papel das autoridades de proteção de dados e d) definição de um nível adequado de proteção de dados.

A decisão teve forte influência na elaboração de um sistema de proteção de dados brasileiro, bem como na definição das normas para transferência internacional de dados, analisadas neste Capítulo. Trata-se, de fato, de uma sinalização interna e externa de que o Estado brasileiro possui garantias capazes de trazer segurança jurídica às relações internacionais.

Nesse contexto, o preceito em análise inicia por definir as hipóteses que autorizam a transferência internacional de dados pessoais. De modo semelhante ao previsto no art. 7º, que trata de tratamento de dados no âmbito interno, trata-se de um rol exaustivo de situações, não havendo margem para interpretações extensivas que abarquem novas condições, sob pena de vício de legalidade. Em suma, a transferência internacional de dados deverá sustentar-se em ao menos uma destas hipóteses.

Inicialmente, é autorizada a transferência de dados para países ou organismos internacionais que proporcionem grau de proteção de dados pessoais adequado ao previsto nesta Lei. Trata-se da ideia de proteção equivalente, capaz de garantir a efetividade da proteção de dados em um fluxo transfronteiriço. A definição de uma metodologia capaz de avaliar este grau de proteção caberá à autoridade nacional, que deverá observar os parâmetros estabelecidos no art. 34 desta Lei. Esta avaliação poderá ser requerida à autoridade nacional por pessoas jurídicas de direito público, para regular exercício de suas funções.

Ainda é possível a transferência internacional de dados quando o controlador apresentar mecanismos particulares, que garantam a segurança do titular no caso concreto. As formas previstas são: a) cláusulas contratuais específicas para determinada transferência, que consistem em previsões no próprio ajuste entre as partes, capazes de dirigir o comportamento dos agentes de tratamento conforme regras compatíveis com a LGPD; b) cláusulas-padrão contratuais, que são modelos de ajuste a serem adotados em transferências internacionais de dados, cuja validade é previamente reconhecida pelas autoridades locais[49]; c) normas corporativas globais, que garantam os direitos dos titulares no fluxo de dados dentro de uma mesma organização multinacional; d) selos, certificados e códigos de conduta regularmente emitidos, que consistem em mecanismos que identificam os processos internos como adequados, desde que sejam aprovados pela autoridade nacional.

Há ainda a hipótese de transferência de dados no âmbito de cooperação jurídica internacional entre órgãos públicos de inteligência, de investigação e de persecução, de acordo com os instrumentos de direito internacional. Preliminarmente, cabe lembrar que a LGPD não se aplica ao tratamento de dados pessoais realizado para fins exclusivos de segurança pública, defesa nacional, segurança do Estado ou atividades de investigação e repressão de infrações penais, conforme o art. 4º, III. A estreita via entre os dispositivos autoriza utilização da Lei na comunicação entre órgãos de inteligência, de investigação e de persecução, desde que não se trate dos temas mencionados no art. 4º, III.

De forma semelhante ao art. 7º, VII, a proteção da vida ou da incolumidade física do titular ou de terceiro autoriza a transferência internacional de dados.

É ainda possível que a autoridade nacional seja instada a se manifestar a respeito da legalidade de transferência internacional de dados em caso concreto. Os critérios de admissibilidade de demandas desta natureza ainda estão pendentes de regulamentação. Todavia, a Lei já determina que, nos casos em que a autoridade nacional entender que não se vislumbra ilegalidade *ex ante*, a transferência estará autorizada.

Há casos ainda em que a Administração Pública brasileira estabeleça acordos com órgãos de um ou mais países, ou com organizações supranacionais. Nesses casos, são definidos objetivos da cooperação, áreas de trabalho, formas de implementação, prazos e interlocutores. Assim, há autorização legal para transferências resultantes de tais acordos.

Adicionalmente, aos moldes do art. 7º, III, e do art. 23, a Lei autoriza a transferência para fins de execução de política pública ou atribuição legal do serviço público. Cabe destacar que a atuação do Poder Público deverá observar os princípios constitucionalmente previstos no art. 37 da Constituição Federal, bem como se submeterá aos mecanismos de controle social, administrativo e judicial, seja no exercício de competência vinculada, seja no exercício de competência discricionária.

Também é possível a transferência internacional de dados pessoais mediante fornecimento de consentimento pelo titular, caracterizado pela manifestação livre, informada e inequívoca, nos termos do art. 5º, XII. O consentimento deve obedecer ao disposto no art. 8º, com um requisito adicional: a existência de indicação do caráter internacional da operação. Cabe lembrar que o consentimento poderá ser revogado a qualquer momento pelo titular, sem prejuízo aos procedimentos já realizados pelos agentes de tratamento.

O preceito indica ainda hipóteses que autorizam o tratamento de dados conforme o art. 7º e que se estendem ao contexto internacional. São elas: a) para o cumprimento de obrigação legal ou regulatória pelo controlador; b) quando necessário para a execução de contrato ou de procedimentos preliminares relacionados a contrato do qual seja parte o titular, a pedido do titular dos dados; e c) para o exercício regular de direitos em processo judicial, administrativo ou arbitral, esse último nos termos da Lei nº 9.307, de 23 de setembro de 1996 (Lei de Arbitragem).

◆ ◆ ◆

Art. 34. O nível de proteção de dados do país estrangeiro ou do organismo internacional mencionado no inciso I do caput do art. 33 desta Lei será avaliado pela autoridade nacional, que levará em consideração:

I - as normas gerais e setoriais da legislação em vigor no país de destino ou no organismo internacional;

II - a natureza dos dados;

III - a observância dos princípios gerais de proteção de dados pessoais e direitos dos titulares previstos nesta Lei;

IV - a adoção de medidas de segurança previstas em regulamento;

V - a existência de garantias judiciais e institucionais para o respeito aos direitos de proteção de dados pessoais; e

VI - outras circunstâncias específicas relativas à transferência.

A avaliação do nível de proteção de país estrangeiro ou organismo internacional visa a constatar a existência de proteção essencialmente equivalente. Assim, deve haver uma expectativa razoável de que o tratamento de dados transferidos além das fronteiras nacionais, isto é, em um fluxo transfronteiriço, preservem os direitos fundamentais dos titulares.

O julgamento Schrems, sem dúvidas, influenciou na definição de critérios para identificação de equivalência essencial do nível de proteção. Os critérios utilizados na decisão foram analisados pelo Grupo de Trabalho do Artigo 29, grupo de trabalho europeu independente, que tratou de questões relacionadas à proteção da privacidade e dos dados pessoais até 2018. Em síntese, foi estabelecido que, para um tratamento adequado, é necessária a existência de quatro fatores: a) o tratamento deve ser baseado em regras claras, precisas e acessíveis; b) o tratamento deve atender aos critérios de necessidade e proporcionalidade; c) deve existir um mecanismo de supervisão independente e d) remédios eficazes precisam estar disponíveis aos titulares[50].

No mesmo sentido, os incisos I a VI do art. 34 buscaram apresentar critérios a serem considerados pela autoridade nacional na avaliação da equivalência essencial. Todavia, é necessário ainda estabelecer uma metodologia clara, a ser aplicada de modo uniforme na avaliação de país estrangeiro ou organismo internacional. Esta tarefa deverá ser realizada pelo órgão regulador.

Art. 35. A definição do conteúdo de cláusulas-padrão contratuais, bem como a verificação de cláusulas contratuais específicas para uma determinada transferência, normas corporativas globais ou selos, certificados e códigos de conduta, a que se refere o inciso II do caput do art. 33 desta Lei, será realizada pela autoridade nacional.

§ 1º Para a verificação do disposto no caput deste artigo, deverão ser considerados os requisitos, as condições e as garantias mínimas para a transferência que observem os direitos, as garantias e os princípios desta Lei.

§ 2º Na análise de cláusulas contratuais, de documentos ou de normas corporativas globais submetidas à aprovação da autoridade nacional, poderão ser requeridas informações suplementares ou realizadas diligências de verificação quanto às operações de tratamento, quando necessário.

§ 3º A autoridade nacional poderá designar organismos de certificação para a realização do previsto no caput deste artigo, que permanecerão sob sua fiscalização nos termos definidos em regulamento.

§ 4º Os atos realizados por organismo de certificação poderão ser revistos pela autoridade nacional e, caso em desconformidade com esta Lei, submetidos a revisão ou anulados.

§ 5º As garantias suficientes de observância dos princípios gerais de proteção e dos direitos do titular referidas no caput deste artigo serão também analisadas de acordo com as medidas técnicas e organizacionais adotadas pelo operador, de acordo com o previsto nos §§ 1º e 2º do art. 46 desta Lei.

O controle das cláusulas-padrão, a ser realizado pela autoridade nacional, pode assumir dois diferentes vieses. Por um lado, compete ao órgão regulador estabelecer cláusulas-padrão, de caráter geral, que podem ser utilizadas pelos controladores, no intuito de garantir uma modelagem de contrato previamente validada. Neste caso, trata-se de um controle prévio à formulação do contrato e à realização da transferência internacional. Por outro lado, o órgão regulador fiscalizará a regularidade de determinada transferência. Assim, a atuação da autoridade nacional se dá após a formulação do instrumento contratual e considerará as particularidades do caso.

◆ ◆ ◆

Art. 36. As alterações nas garantias apresentadas como suficientes de observância dos princípios gerais de proteção e dos direitos do titular referidas no inciso II do art. 33 desta Lei deverão ser comunicadas à autoridade nacional.

Consoante verificado no art. 33, é hipótese de regular transferência internacional de dados pessoais o oferecimento e a comprovação pelo controlador de determinadas garantias. Nesse artigo, foram apresentadas as formas de tais garantias, que podem ser: a) cláusulas contratuais específicas para determinada transferência; b) cláusulas-padrão contratuais; c) normas corporativas globais ou d) selos, certificados e códigos de conduta regularmente emitidos.

Ocorre que, mesmo após a comprovação de uma ou mais destas garantias, a atuação da autoridade nacional não pode ser considerada encerrada. Há de se considerar os riscos envolvidos na modificação ou eliminação de tais garantias, seja durante o tratamento de dados já transferidos, seja durante o fluxo transfronteiriço de dados. Sendo a garantia o fundamento que legitimou a transferência, a sua alteração expõe novamente os dados do titular a um cenário de insegurança jurídica. Assim, ocorridas modificações, não há alternativa ao controlador senão comunicá-las à autoridade nacional, para nova verificação, conforme o art. 35.

CAPÍTULO VI – DOS AGENTES DE TRATAMENTO DE DADOS PESSOAIS (ARTS. 37 A 45)

Seção I
Do Controlador e do Operador

Art. 37. O controlador e o operador devem manter registro das operações de tratamento de dados pessoais que realizarem, especialmente quando baseado no legítimo interesse.

O agente responsável por tomar as principais decisões relativas ao tratamento é o controlador. Deverá avaliar, a título de exemplo, como os dados serão armazenados, com quem serão compartilhados, em que contexto serão utilizados e quando serão eliminados.

De acordo com a ANPD[51], é importante distinguir a pessoa jurídica que atua como controlador das pessoas naturais que atuam como profissionais a ela subordinados ou como membros de seus órgãos. Ainda que haja distribuição interna das competências relativas ao tratamento de dados, o papel de controlador permanecerá sendo exercido pela pessoa jurídica, e não pela pessoa física que compõe sua equipe. Nesse sentido, quando um servidor público ocupante de cargo efetivo de determinado Ministério realiza tratamento de dados pessoais, o controlador será a respectiva pessoa jurídica de direito público, ou seja, a União. É importante notar, entretanto, que as atribuições de controlador, por força da desconcentração administrativa, são exercidas pelos órgãos públicos que desempenham funções em nome da pessoa jurídica da qual fazem parte, fenômeno que caracteriza a distribuição interna das competências. Em outras palavras, embora a pessoa jurídica de direito público seja a controladora dos dados pessoais e a responsável pelo cumprimento da Lei, os órgãos despersonalizados exercerão as funções típicas de controlador de dados[52].

É possível ainda que pessoa natural seja controladora do tratamento de dados pessoais. Entretanto, isso ocorrerá não quando desempenhar suas funções como membro de pessoa jurídica, mas sim quando, individualmente, decida a respeito de tratamento de dados. É o caso de profissionais liberais, como médicos e advogados.

Por sua vez, o operador é o agente de tratamento de dados responsável por realizar o tratamento de dados em nome do controlador. Agirá, portanto, nos limites das finalidades estabelecidas pelo controlador, que de fato detém o poder de decisão. A título de exemplo, são operadores a sociedade empresária que, atuando no ramo de cartão de crédito, operacionaliza o pagamento de um portal de *e-commerce* e a sociedade empresária que, atuando no ramo de *call center*, realiza contatos conforme as finalidades de uma empresa controladora.

A ANPD[53] destaca ainda que é possível, em cadeias mais complexas, a existência do suboperador, um contratado pelo operador para auxiliá-lo a realizar o tratamento de dados pessoais em nome do controlador. Todavia, ainda que não se trate de exigência legal, recomenda-se que a contratação de suboperador seja autorizada pelo controlador.

Com relação ao preceito em análise, há a previsão de que controlador e operador mantenham registro das operações de tratamento. Trata-se, evidentemente, de conduta de grande importância, sobretudo para os agentes de tratamento, que poderão comprovar a regularidade de suas ações em eventual procedimento fiscalizatório. Note-se o particular destaque ao tratamento realizado sob hipótese de legítimo interesse, conforme o art. 7º, IX. Embora todas as hipóteses de tratamento elencadas naquele dispositivo autorizem igualmente o tratamento de dados, há maior grau de subjetividade quando se trata de legítimo interesse. Assim, reforça-se a importância de registro de operações realizadas sob tal circunstância, para subsidiar as discussões relativas à regularidade da conduta.

O registro das operações de tratamento deve ser realizado através do Inventário de Dados Pessoais – IDP. Conforme o Guia de Elaboração de Inventário de Dados Pessoais, elaborado pelo Governo Federal, o IDP representa um documento importante de governança de dados pessoais e de subsídio para avaliação de impacto à proteção de dados pessoais com vistas a verificar a conformidade da instituição no que se refere ao preconizado pela LGPD[54].

No Anexo II, é apresentado um modelo do Inventário de Dados Pessoais, conforme indicado pelo Guia de Elaboração de Inventário de Dados Pessoais, do Governo Federal. O modelo deve ser adaptado de acordo com a complexidade do tratamento dos dados pessoais.

◆ ◆ ◆

Art. 38. A autoridade nacional poderá determinar ao controlador que elabore relatório de impacto à proteção de dados pessoais, inclusive de dados sensíveis, referente a suas operações de tratamento de dados, nos termos de regulamento, observados os segredos comercial e industrial.

Parágrafo único. Observado o disposto no caput deste artigo, o relatório deverá conter, no mínimo, a descrição dos tipos de dados coletados, a metodologia utilizada para a coleta e para a garantia da segurança das informações e a análise do controlador com relação a medidas, salvaguardas e mecanismos de mitigação de risco adotados.

A autoridade nacional, no exercício de poder de polícia, poderá instituir unilateralmente ao controlador a obrigação de elaboração de relatório de impacto à proteção de dados pessoais. O documento deverá ser elaborado de modo semelhante ao descrito no art. 32, ao qual se remete o leitor. Cabe salientar, entretanto, que naquele dispositivo está prevista a publicação do documento, em homenagem ao princípio da publicidade da Administração Pública. No preceito em análise, a obrigação referida é de elaboração, observados os segredos comercial e industrial. O que se exige, portanto, é que o documento obedeça às determinações da autoridade nacional, que avaliará a regularidade de seu conteúdo, eventualmente não disponível ao público.

No Anexo I, é apresentado um modelo do relatório de impacto à proteção de dados pessoais, conforme indicado pelo Guia de Boas Práticas do Governo Federal. O modelo deve ser adaptado de acordo com a complexidade do tratamento dos dados pessoais.

◆ ◆ ◆

Art. 39. O operador deverá realizar o tratamento segundo as instruções fornecidas pelo controlador, que verificará a observância das próprias instruções e das normas sobre a matéria.

O dispositivo estabelece obrigações ao operador e controlador, de modo que atuem visando ao cumprimento do arcabouço regulatório, bem como à preservação dos direitos do titular. Por um lado, o operador deve observar o estrito cumprimento das instruções fornecidas pelo controlador. Não poderá, portanto, atuar livremente no tratamento dos dados pessoais, estando sua conduta delimitada pelas principais decisões a respeito do armazenamento, da eliminação ou do compartilhamento de informações, cuja responsabilidade é do controlador. É importante destacar que há decisões que, de fato, serão tomadas pelo operador, sobretudo quando se trata de técnicas aplicadas ao tratamento de dados, cuja especialidade técnica se afasta do campo de atuação do controlador. O que se pretende é que tais decisões sejam compatíveis com o requerido pelo controlador e, sobretudo, não agravem os riscos reconhecidos pelos agentes de tratamento.

Por outro lado, o dispositivo atribui ao controlador verdadeiro papel de fiscal da atividade do operador. Ao estabelecer que lhe cabe a verificação da observância às instruções e normas, o preceito reafirma a responsabilidade do controlador quanto ao descumprimento desta Lei, consoante o art. 42 e seguintes. Cabe salientar que, nos casos em que o operador não observar as instruções do controlador, ou ainda as determinações desta legislação de proteção de dados, há responsabilidade solidária dos agentes de tratamento em relação aos danos causados, conforme o art. 42, § 1º, I.

◆ ◆ ◆

Art. 40. A autoridade nacional poderá dispor sobre padrões de interoperabilidade para fins de portabilidade, livre acesso aos dados e segurança, assim como sobre o tempo de guarda dos registros, tendo em vista especialmente a necessidade e a transparência.

O conceito de interoperabilidade foi discutido na análise do art. 25, que estabelece que, ao promover tratamento de dados pessoais, o Poder Público deve mantê-los em formato interoperável. Em síntese, a interoperabilidade foi definida como a capacidade de sistemas trocarem informações de modo eficiente. No preceito em análise, atribuir à autoridade nacional a competência para definir padrões de interoperabilidade, ainda que se trate de tratamento promovido por entidades privadas, visando ao alcance de três finalidades: a) portabilidade, sobretudo quando se trata de mercados específicos, com regulação própria, em que o consumidor pode optar pela migração a novo fornecedor de serviços (como no caso de telecomunicações, ou ainda de saúde suplementar); b) livre acesso aos dados, notadamente para garantir ao consumidor maior facilidade na obtenção de seus dados e c) segurança, sobretudo promovendo o uso de técnicas reconhecidamente apropriadas.

Adicionalmente, a autoridade nacional poderá dispor sobre o tempo de guarda dos registros, cuja elaboração é de competência do controlador e do operador, em observância ao art. 37. O órgão regulador deverá ponderar a respeito do prazo apropriado, considerando que a conservação de registros desnecessários representa custos evitáveis aos agentes de tratamento, enquanto a eliminação prematura dos registros ameaça a transparência do tratamento.

Seção II
Do Encarregado pelo Tratamento de Dados Pessoais

Art. 41. O controlador deverá indicar encarregado pelo tratamento de dados pessoais.

§ 1º A identidade e as informações de contato do encarregado deverão ser divulgadas publicamente, de forma clara e objetiva, preferencialmente no sítio eletrônico do controlador.

§ 2º As atividades do encarregado consistem em:

I - aceitar reclamações e comunicações dos titulares, prestar esclarecimentos e adotar providências;

II - receber comunicações da autoridade nacional e adotar providências;

III - orientar os funcionários e os contratados da entidade a respeito das práticas a serem tomadas em relação à proteção de dados pessoais; e

IV - executar as demais atribuições determinadas pelo controlador ou estabelecidas em normas complementares.

§ 3º A autoridade nacional poderá estabelecer normas complementares sobre a definição e as atribuições do encarregado, inclusive hipóteses de dispensa da necessidade de sua indicação, conforme a natureza e o porte da entidade ou o volume de operações de tratamento de dados.

§ 4º (VETADO). (Incluído pela Lei nº 13.853, de 2019)

Encarregado é o indivíduo responsável por garantir a conformidade de uma organização, pública ou privada, à LGPD[55]. O papel também é referido como Oficial de Proteção de Dados, ou *Data Protection Officer* (*DPO*), por influência da legislação da União Europeia. Embora suas atribuições estejam descritas neste Capítulo VI, o encarregado não é classificado como espécie de agente de tratamento de dados pessoais. Isto porque seu papel não está diretamente associado à atividade de tratamento, mas sim ao relacionamento com os demais atores do setor, bem como à difusão da cultura de proteção de dados ao público interno e externo. Sua atuação aproxima-se, portanto, de uma ouvidoria de proteção de dados, motivo pelo qual é necessário que o controlador promova a divulgação da identidade do encarregado e garanta seu canal de comunicação com o público em geral, preferivelmente através de seu portal eletrônico.

O *caput* do dispositivo impõe a todo controlador o dever de indicar o encarregado pelo tratamento de dados pessoais, sem qualquer restrição a respeito da personalidade jurídica do controlador, volume de dados em tratamento, porte ou faturamento. Desta forma, a obrigação se impõe, até eventual disposição em contrário da autoridade nacional, que poderá estabelecer casos de dispensa.

A ANPD já se manifestou indicando a possibilidade de nomear como encarregado funcionário da organização ou agente externo, de natureza física ou jurídica. O órgão regulador indicou ainda a possibilidade de um mesmo encarregado atuar em nome de diferentes organizações, desde que seja capaz de realizar suas atribuições com eficiência[56]. O cenário sugere uma progressiva especialização do mercado, com carreiras voltadas às funções de encarregado, responsáveis por uma carteira de clientes.

Constou na proposição aprovada pelo Congresso Nacional o § 4º, nos termos seguintes:

> *§ 4º Com relação ao encarregado, o qual deverá ser*
> *detentor de conhecimento jurídico-regulatório e ser*

apto a prestar serviços especializados em proteção de dados, além do disposto neste artigo, a autoridade regulamentará:

I - os casos em que o operador deverá indicar encarregado;

II - a indicação de um único encarregado, desde que facilitado o seu acesso, por empresas ou entidades de um mesmo grupo econômico;

III - a garantia da autonomia técnica e profissional no exercício do cargo.

As razões do veto referem-se a uma interferência indevida do Estado na discricionariedade para a seleção dos quadros do setor produtivo, configurando ainda ofensa ao livre exercício profissional, previsto no art. 5º, XIII, da Constituição da República. A exigência de conhecimento jurídico-regulatório para todos os encarregados representaria, de fato, uma exigência desproporcional, sobretudo diante da ampla obrigatoriedade de nomeação deste profissional por todos os controladores, salvo eventuais hipóteses de dispensa a serem definidas. Nesse contexto, a compatibilidade da qualificação do encarregado com as suas atribuições deverá ser avaliada pelo controlador, previamente à indicação.

Seção III
Da Responsabilidade e do Ressarcimento de Danos

Art. 42. O controlador ou o operador que, em razão do exercício de atividade de tratamento de dados pessoais, causar a outrem dano patrimonial, moral, individual ou coletivo, em violação à legislação de proteção de dados pessoais, é obrigado a repará-lo.

§ 1º A fim de assegurar a efetiva indenização ao titular dos dados:
I - o operador responde solidariamente pelos danos causados pelo

tratamento quando descumprir as obrigações da legislação de proteção de dados ou quando não tiver seguido as instruções lícitas do controlador, hipótese em que o operador equipara-se ao controlador, salvo nos casos de exclusão previstos no art. 43 desta Lei;

II - os controladores que estiverem diretamente envolvidos no tratamento do qual decorreram danos ao titular dos dados respondem solidariamente, salvo nos casos de exclusão previstos no art. 43 desta Lei.

§ 2º O juiz, no processo civil, poderá inverter o ônus da prova a favor do titular dos dados quando, a seu juízo, for verossímil a alegação, houver hipossuficiência para fins de produção de prova ou quando a produção de prova pelo titular resultar-lhe excessivamente onerosa.

§ 3º As ações de reparação por danos coletivos que tenham por objeto a responsabilização nos termos do caput deste artigo podem ser exercidas coletivamente em juízo, observado o disposto na legislação pertinente.

§ 4º Aquele que reparar o dano ao titular tem direito de regresso contra os demais responsáveis, na medida de sua participação no evento danoso.

Aspecto interessante a ser discutido refere-se à constatação da ocorrência de dano ao titular, em decorrência de violação da LGPD. É possível vislumbrar a possibilidade de ocorrência de dano patrimonial, quando, por exemplo, ocorre o tratamento indevido de credenciais de acesso a valores financeiros, autorizando terceiros a realizarem transações ilegais. É possível, ainda, cogitar de dano moral, em virtude, por exemplo, de compartilhamento de prontuário médico com terceiros não autorizados. Todavia, cabe analisar se o dano moral, individual ou coletivo, decorrente de tratamento ilegal de dados pessoais, deve ser provado pelo titular ou, alternativamente, deverá ser presumido do próprio incidente.

Como regra geral, incumbe ao autor a comprovação do prejuízo sofrido, que deverá ser reparado mediante indenização. Entretanto, em algumas situações, o prejuízo decorre do próprio fato ilegal, isto é, deve ser presumido. Utiliza-se, em tais casos, o termo *"in re ipsa"*, proveniente do latim, que tem como significado "da própria coisa".

O Superior Tribunal de Justiça já se pronunciou quanto à existência de dano moral presumido nos casos seguintes, entre outros: inscrição indevida em cadastro de proteção ao crédito[57]; publicação não autorizada da imagem de pessoa com fins econômicos ou comerciais[58]; inscrição indevida no Sisbacen[59] e uso indevido de marca[60].

Neste contexto, cabem dois destaques, pertinentes à análise. Primeiro, há uma legítima expectativa do titular em não ter seus dados expostos a terceiros não autorizados. Frustrada tal expectativa, qualquer que seja a natureza do dado, terá ocorrido uma ofensa aos direitos fundamentais do titular, em especial ao seu direito à privacidade. Segundo, quando se trata de vazamento de dados pessoais, o titular poderá estar sujeito às consequências do incidente por anos, ou décadas. Assim, um vazamento que a princípio se mostra inofensivo pode resultar em graves prejuízos ao titular no longo prazo, sendo incabível submetê-lo a esta situação de insegurança, aguardando eventos conexos para só então pleitear reparação.

O tema ainda merece maior aprofundamento pela autoridade nacional, bem como pelo Poder Judiciário. Todavia, cabe destacar que decisões recentes não têm reconhecido o dano *in re ipsa*, sendo necessária a comprovação de efetivo prejuízo pelo titular dos dados[61].

Nesse cenário, seria mais apropriado reconhecer a existência de dano *in re ipsa* em virtude de vazamento de dados pessoais do titular. Caso a jurisprudência fosse direcionada em tal sentido, em se tratando de direito à proteção dos dados pessoais, a constatação do dano decorreria do próprio descumprimento ao disposto nesta Lei, não havendo que se cogitar de prova da existência de prejuízo. No entanto, por se tratar de discussão recente, é importante a manifestação da autoridade nacional quanto à consolidação deste entendimento, bem como a evolução da jurisprudência sobre o tema.

Em relação ao operador, a Lei indica que responderá solidariamente ao controlador nos casos em que houver descumprimento das obrigações da legislação de proteção de dados ou quando não se houver seguido as instruções lícitas do controlador. Conforme o art. 264 do Código Civil, há solidariedade, quando na mesma obrigação concorre mais de um credor, ou mais de um devedor, cada um com direito, ou obrigado, à dívida toda. Assim, nos casos indicados na norma, operador e controlador serão responsáveis pela totalidade da obrigação de reparação, sendo possível ao credor a cobrança de parcelas indenizatórias por quaisquer dos agentes de tratamento. Ressalte-se a possibilidade de posterior ação regressiva contra os demais responsáveis, expressamente prevista no dispositivo.

A norma trata ainda da possibilidade de inversão do ônus da prova pela autoridade judicial, em situações de verossimilhança da alegação; hipossuficiência para fins de produção de prova; ou onerosidade excessiva na produção probatória. O dispositivo reafirma o disposto do art. 373, § 1º, do Código Civil em relação à atribuição do ônus da prova pelo juiz, mencionando expressamente a situação de verossimilhança da alegação.

Art. 43. Os agentes de tratamento só não serão responsabilizados quando provarem:

I - que não realizaram o tratamento de dados pessoais que lhes é atribuído;

II - que, embora tenham realizado o tratamento de dados pessoais que lhes é atribuído, não houve violação à legislação de proteção de dados; ou

III - que o dano é decorrente de culpa exclusiva do titular dos dados ou de terceiro.

A artigo dispõe a respeito das situações que eximem a responsabilidade dos agentes de tratamento. Nesse sentido, não serão responsabilizados se não houve tratamento; se não houver violação da norma ou se a culpa pelo dano for exclusiva do titular ou de terceiro. Há intensa discussão na doutrina quanto ao regime de responsabilidade civil aplicável, se objetivo ou subjetivo. Em uma análise do art. 43, verifica-se que a responsabilização dos agentes de tratamento depende não apenas da verificação se a culpa é exclusiva do titular ou de terceiro (art. 43, III), mas também se a conduta dos agentes de tratamento violou a legislação de proteção de dados. Durante a elaboração da norma, os parlamentares retiraram da proposta indicativos que caracterizariam a responsabilidade como objetiva. Relatam Bruno Bioni e Daniel Dias[62]:

> *Tanto a primeira versão do anteprojeto da lei de proteção de dados pessoais como a proposta legislativa do Senado Federal, expressamente adotavam um regime de reponsabilidade civil objetiva. Enquanto a primeira preceituava que "o tratamento de dados [seria] uma atividade de risco", a segunda estabelecia que os agentes da cadeia responderiam, "independentemente da existência de culpa", pela reparação dos danos.*

Nesse contexto, considerando o disposto na norma e sobretudo a discussão parlamentar na elaboração do texto da lei, pode-se considerar que a responsabilidade civil é subjetiva. Todavia, por se tratar de tema de intensa discussão doutrinária e que ainda será objeto de regulação pela autoridade nacional, é possível que seja objeto de novo entendimento.

◆ ◆ ◆

Art. 44. O tratamento de dados pessoais será irregular quando deixar de observar a legislação ou quando não fornecer a segurança que o titular dele pode esperar, consideradas as circunstâncias relevantes, entre as quais:
I - o modo pelo qual é realizado;
II - o resultado e os riscos que razoavelmente dele se esperam;

O preceito estabelece os critérios para identificação de irregularidades no tratamento de dados. Em síntese, há duas vias para a verificação. A primeira, com fundamento no princípio da legalidade, indica que o tratamento é irregular quando deixar de observar a legislação. Na análise, deve-se considerar não apenas a LGPD, mas também leis e resoluções normativas aplicáveis. A segunda, com fundamento nos princípios da segurança e da prevenção, indica que o tratamento é irregular quando não oferecer a segurança que o titular dele pode esperar.

Cabe destacar que, ao exigir a segurança esperada pelo titular, a norma estabelece circunstâncias relevantes para aferir a razoabilidade de tal expectativa. A abordagem implica que não se exige dos agentes de tratamento uma blindagem perfeita a ataques ou comportamento ilícitos de terceiros. Em outras palavras, os agentes de tratamento não devem ser responsabilizados irrestritamente, mas apenas quando não estabelecerem os controles de segurança razoavelmente esperados.

Os critérios legais para tal aferição são: o modo pelo qual o tratamento é realizado; o resultado e os riscos que razoavelmente dele se esperam; e as técnicas de tratamento de dados pessoais disponíveis à época em que foi realizado.

◆ ◆ ◆

O preceito destaca que a LGPD é parte de um sistema normativo, cujas normas devem ser observadas quando da aplicação e interpretação dos fatos relativos à violação de direitos do titular. Nesse contexto, evidencia-se o relevante papel dos órgãos e entidades que compõem o Sistema Nacional de Defesa do Consumidor (SNDC), que congrega Procons, Ministério Público, Defensoria Pública e entidades civis de defesa do consumidor, que atuam de forma articulada e integrada com a Secretaria Nacional do Consumidor (Senacon).

A previsão ainda oferece margem de discussão em relação à natureza da responsabilidade civil dos agentes de tratamento. Como visto na análise do art. 43, há elementos da norma que indicam se tratar de responsabilidade subjetiva, sobretudo quando é analisado o histórico de alterações do projeto de lei que originou a LGPD. Entretanto, no preceito em análise consta que, quando se tratar de relações de consumo, são aplicáveis as regras de responsabilidade previstas na legislação pertinente, qual seja, o Código de Defesa do Consumidor. Recorde-se que nos arts. 12 e 14 daquela norma resta estabelecida a responsabilidade civil objetiva do fornecedor, que deve reparar os danos causados aos consumidores decorrentes de vício do produto, informações insuficientes ou inadequadas ou, ainda, de falhas na prestação de serviços, independentemente da existência de culpa. O tema certamente será objeto de maiores discussões doutrinárias e jurisprudenciais.

CAPÍTULO VII – DA SEGURANÇA E DAS BOAS PRÁTICAS (ARTS. 46 A 51)

Seção I
Da Segurança e do Sigilo de Dados

Art. 46. Os agentes de tratamento devem adotar medidas de segurança, técnicas e administrativas aptas a proteger os dados pessoais de acessos não autorizados e de situações acidentais ou ilícitas de destruição, perda, alteração, comunicação ou qualquer forma de tratamento inadequado ou ilícito.

§ 1º A autoridade nacional poderá dispor sobre padrões técnicos mínimos para tornar aplicável o disposto no caput deste artigo, considerados a natureza das informações tratadas, as características específicas do tratamento e o estado atual da tecnologia, especialmente no caso de dados pessoais sensíveis, assim como os princípios previstos no caput do art. 6º desta Lei.

§ 2º As medidas de que trata o caput deste artigo deverão ser observadas desde a fase de concepção do produto ou do serviço até a sua execução.

O preceito impõe aos agentes de tratamento o dever de adotar padrões de segurança, visando a proteger os dados pessoais de acessos não autorizados ou outra forma de tratamento inadequado ou ilícito. Entre os principais instrumentos utilizados como padrões técnicos, estão: a) a norma ABNT ISO/IEC 27002:2013, projetada para as organizações usarem como uma referência na seleção de controles dentro do processo de implementação de um sistema de gestão da segurança da informação; b) a norma ABNT ISO/IEC 27005:2019, que fornece diretrizes para a gestão de riscos de segurança da informação em uma organização; c) a norma ABNT ISO/IEC 31000:2018, que fornece diretrizes para gerenciar riscos enfrentados pelas organizações; e d) a norma ABNT ISO/IEC 27701:2019, que especifica os requisitos e fornece as diretrizes para o estabelecimento, implementação, manutenção e melhoria contínua de um Sistema de Gestão de Privacidade da Informação.

Em relação à proteção contra acessos não autorizados, devem ser observadas as boas práticas indicadas pela ABNT NBR ISO/IEC 27002:2013. Nesse sentido, deve ser implementado um processo formal de registro e cancelamento de usuário, para permitir atribuição dos direitos de acesso. Deve ser atribuído a cada usuário um identificador único, que o permita realizar as suas atribuições, fazendo-se uso de identificadores compartilhados apenas em situações justificáveis pela natureza do negócio. As credenciais de acesso devem utilizar instrumentos de autenticação, como senhas de qualidade, chaves criptográficas, e outros dados armazenados em *tokens*. Deve-se atentar à necessidade de imediata desabilitação do acesso quando o usuário deixar a organização. Além de processos formais de registro e cancelamento dos usuários, a organização deve estabelecer um processo de concessão e revogação de direitos de acesso a cada usuário, considerando os serviços e sistemas necessários à sua atuação. A organização deve revisar periodicamente os direitos de acesso de seus usuários, ou quando houver realocação interna de atividades. Especial atenção deve ser dada ao treinamento e conscientização dos funcionários, para que sejam compreendidos seus papéis e responsabilidades na garantia de segurança da informação da instituição, notadamente em relação à confidencialidade da informação de autenticação secreta, garantindo que ela não seja divulgada para quaisquer outras partes.

A segurança e o sigilo dos dados envolvem ainda o uso efetivo e adequado da criptografia para proteger a confidencialidade, autenticidade e/ou a integridade da informação. A compreensão de conceitos elementares é pré-requisito para a compreensão do tema, cabendo observar a lição de William Stallings[63]:

> *Uma mensagem original é conhecida como texto claro (ou plaintext), enquanto a mensagem codificada é chamada de texto cifrado (ou ciphertext). O processo de converter um texto claro em um texto cifrado é conhecido como cifração ou encriptação; restaurar o texto claro a partir do texto cifrado é decifração ou decriptação. Os muitos esquemas utilizados para a encriptação constituem a área de estudo conhecida como criptografia. Esse esquema é designado sistema criptográfico ou cifra. As técnicas empregadas para decifrar uma mensagem sem qualquer conhecimento dos detalhes de encriptação estão na área da criptoanálise, que é o que os leigos chamam de "quebrar o código". As áreas da criptografia e criptoanálise, juntas, são chamadas de criptologia.*

O autor indica três dimensões que são utilizadas na caracterização dos sistemas criptográficos. São elas:

a) O tipo das operações usadas para transformar texto claro em texto cifrado: todos os algoritmos de encriptação são baseados em dois princípios gerais: substituição, em que cada elemento no texto claro (*bit*, letra, grupo de *bits* ou letras) é mapeado em outro elemento, e transposição, em que os elementos no texto claro são rearranjados.

b) O número de chaves usadas: se tanto o emissor quanto o receptor utilizarem a mesma chave, o sistema é considerado de encriptação simétrica, de chave única, de chave secreta ou convencional. Se emissor e receptor usarem chaves diferentes, o sistema é considerado de encriptação assimétrica, de duas chaves ou de chave pública.

c) O modo em que o texto claro é processado: uma cifra de bloco processa a entrada de um bloco de elementos de cada vez, produzindo um de saída para cada de entrada. Uma cifra em fluxo processa os elementos da entrada continuamente, proporcionando a saída de um elemento de cada vez.

Como parte da estratégia de proteção da confidencialidade, da autenticidade e da integridade da informação, as organizações devem desenvolver e implementar uma política sobre o uso de controles criptográficos, bem como uma sobre o uso, proteção e tempo de vida das chaves criptográficas. Também deve-se atentar para outros procedimentos que minimizam os riscos de vazamento de dados, como o estabelecimento de regras de reutilização ou descarte seguro de equipamentos; e a definição de políticas e procedimentos para transferência de informações.

O artigo em análise determina ainda que as medidas de segurança deverão ser observadas desde a fase de concepção do produto ou do serviço até a sua execução. Trata-se da abordagem que ficou conhecida por *privacy by design*, segundo a qual a proteção de dados deve ser considerada desde o início da modelagem dos projetos e processos, e deve persistir durante todo o ciclo de vida da atividade. Segundo Ann Cavoukian[64], a abordagem *privacy by design* deve observar os sete princípios seguintes:

1. Proativo não reativo, preventivo, não corretivo: a abordagem não espera que os riscos à privacidade se materializem, nem oferece soluções para resolver as infrações de privacidade uma vez que ocorram – tem como objetivo evitar que ocorram.

2. Privacidade como *default*: nenhuma ação é necessária por parte do indivíduo para proteger sua privacidade – isso é integrado ao sistema, por padrão (*privacy by default*).

3. Privacidade incorporada ao design: a privacidade é parte integrante do sistema, sem diminuir a funcionalidade.

4. Funcionalidade total – soma positiva, não soma zero: a abordagem evita a pretensão de falsas dicotomias, como privacidade *x* segurança, demonstrando que é possível, e muito mais desejável, ter ambos.

5. Segurança ponta a ponta – proteção por todo o ciclo de vida: a abordagem garante do início ao fim o gerenciamento seguro do ciclo de vida das informações, de ponta a ponta.

6. Visibilidade e transparência: a abordagem visa a garantir a todas as partes interessadas que, seja qual for a prática comercial ou tecnologia envolvida, está, de fato, operando de acordo com as promessas e objetivos declarados, sujeito à verificação independente.

7. Respeito pela privacidade do usuário: acima de tudo, a abordagem exige que arquitetos e operadores mantenham os interesses do indivíduo em primeiro lugar, oferecendo medidas como padrões rígidos de privacidade, notificação apropriada e opções amigáveis ao usuário.

◆ ◆ ◆

Art. 47. Os agentes de tratamento ou qualquer outra pessoa que intervenha em uma das fases do tratamento obriga-se a garantir a segurança da informação prevista nesta Lei em relação aos dados pessoais, mesmo após o seu término.

O preceito atribui a responsabilidade da implantação e execução de uma política de gestão de segurança aos agentes de tratamento, ou outra pessoa que intervenha no tratamento. Nesse cenário, salienta-se a importância de uma adequada gestão dos ativos da organização, conforme previsão da ABNT NBR ISO/IEC 27002:2013. É necessário identificar os ativos da organização e definir as devidas responsabilidades pela proteção dos ativos. O inventário dos ativos relevantes no ciclo de vida da informação deve ser estruturado e mantido. A organização também deve elaborar regras claras a respeito do uso aceitável de seus ativos. Adicionalmente, o processo de encerramento de atividades deve ser formalizado para contemplar a devolução de todos os equipamentos físicos e eletrônicos de propriedade da organização.

A organização deve adotar ainda uma rotina de classificação

das informações, assegurando que os dados recebam um nível adequado de proteção, conforme orienta a ABNT NBR ISO/IEC 27701:2019. O sistema de classificação da informação da organização deve considerar a natureza dos dados pessoais envolvidos no tratamento, de modo a possibilitar a implementar de uma política de segurança adequada.

◆ ◆ ◆

Art. 48. O controlador deverá comunicar à autoridade nacional e ao titular a ocorrência de incidente de segurança que possa acarretar risco ou dano relevante aos titulares.

§ 1º A comunicação será feita em prazo razoável, conforme definido pela autoridade nacional, e deverá mencionar, no mínimo:

I - a descrição da natureza dos dados pessoais afetados;

II - as informações sobre os titulares envolvidos;

III - a indicação das medidas técnicas e de segurança utilizadas para a proteção dos dados, observados os segredos comercial e industrial;

IV - os riscos relacionados ao incidente;

V - os motivos da demora, no caso de a comunicação não ter sido imediata; e

VI - as medidas que foram ou que serão adotadas para reverter ou mitigar os efeitos do prejuízo.

§ 2º A autoridade nacional verificará a gravidade do incidente e poderá, caso necessário para a salvaguarda dos direitos dos titulares, determinar ao controlador a adoção de providências, tais como:

I - ampla divulgação do fato em meios de comunicação; e

II - medidas para reverter ou mitigar os efeitos do incidente.

§ 3º No juízo de gravidade do incidente, será avaliada eventual comprovação de que foram adotadas medidas técnicas adequadas que tornem os dados pessoais afetados ininteligíveis, no âmbito e nos limites técnicos de seus serviços, para terceiros não autorizados a acessá-los.

A adoção de medidas de segurança, desde a fase de concepção do produto até sua execução, com a adoção de uma abordagem *privacy by design*, representa um esforço da organização no sentido de proteger os dados pessoais sobre os quais realiza tratamento. Todavia, nem todos os incidentes podem ser evitados.

É preciso que as organizações estejam preparadas para reagir diante de incidentes de segurança, sobretudo quando envolvem acesso indevido a dados pessoais. Assim, a ABNT NBR ISO/IEC 27701:2019 estabelece que deve ser assegurado um enfoque consistente e efetivo para gerenciar os incidentes de segurança da informação, incluindo a comunicação sobre fragilidades e eventos de segurança da informação. É necessário o estabelecimento de responsabilidade de atuação, de um procedimento de notificação de eventos de segurança da informação, de uma rotina de notificação de fragilidades de segurança da informação, de uma estratégia de resposta de incidentes e de um processo de revisão e aprendizagem a respeito do ocorrido.

O estabelecimento de uma capacidade de resposta a incidentes deve incluir as seguintes ações[65]: a) criação de uma política e plano de resposta a incidentes; b) desenvolvimento de procedimentos para lidar com incidentes e relatórios; c) definição de diretrizes para a comunicação com partes externas sobre incidentes; d) seleção de uma estrutura de equipe e modelo de pessoal; e) estabelecimento de relações e linhas de comunicação entre a equipe de resposta a incidentes e outros grupos, tanto internos (por exemplo, departamento jurídico), quanto externos (por exemplo, agências de aplicação da lei); f) determinação de quais serviços a equipe de resposta a incidentes deve fornecer; g) capacitação e treinamento da equipe de resposta a incidentes.

Evidentemente a maturidade da organização e os recursos disponíveis serão determinantes na sua capacidade de resposta a incidentes de segurança. De todo modo, o artigo em análise estabelece que, independentemente do porte da organização, o controlador deverá comunicar à autoridade nacional e ao titular, em prazo razoável, a ocorrência de incidente de segurança que possa acarretar risco ou dano relevante aos titulares. Neste importante momento, cabe ao controlador demonstrar que a organização estava preparada para a situação, de modo que estabeleceu previamente controles aptos a minimizar os dados decorrentes do incidente. É importante demonstrar que os danos, efetivos e potenciais, são tão somente aqueles inevitáveis, típicos da operação e, se for o caso, já previamente compartilhados com o titular dos dados mediante o instrumento do consentimento. Ainda, se for possível, os dados devem ser imediatamente invalidados ou substituídos, como por exemplo quando há acesso indevido a credenciais de acesso a sistemas. É importante, portanto, que a organização avalie previamente a necessidade de tratamento de dados inalteráveis (identificação biométrica, por exemplo), visto que as medidas reparadoras diante de incidentes de segurança podem ser de difícil execução, ou mesmo impossíveis.

A autoridade nacional, ao ser informada, deverá atuar, seja determinando providências a serem cumpridas (divulgação dos fatos ou mitigação dos efeitos), como também instaurando processo fiscalizatório visando a apurar se há responsabilidade dos agentes de tratamento pelos danos causados aos titulares.

No Anexo III, é apresentado um modelo de formulário de comunicação de incidente de segurança com dados pessoais à Autoridade Nacional de Proteção de Dados (ANPD). O modelo deve ser adaptado de acordo com a complexidade do tratamento dos dados pessoais.

◆ ◆ ◆

Art. 49. Os sistemas utilizados para o tratamento de dados pessoais devem ser estruturados de forma a atender aos requisitos de segurança, aos padrões de boas práticas e de governança e aos princípios gerais previstos nesta Lei e às demais normas regulamentares.

As iniciativas de segurança da informação nas organizações devem se aplicar aos processos de aquisição, desenvolvimento e manutenção de sistemas. Assim, durante o planejamento de novos sistemas, ou ainda na manutenção de sistemas existentes, a proteção de dados deve ser incluída na elicitação de requisitos, isto é, deve fazer parte das funcionalidades a serem atendidas para satisfação das necessidades dos usuários.

Ainda em relação aos requisitos de segurança de sistemas, deve-se atentar para o uso adequado de recursos que garantam a preservação da integridade e a consistência dos dados. É o caso da utilização de transações (*transaction*), que consistem em um conjunto de comandos que devem ser executados como uma unidade lógica, evitando-se desta forma operações incompletas. A título de exemplo, considere-se uma transferência bancária, que consiste no débito na conta de origem, seguido do crédito na conta de destino. Ora, havendo falha na segunda etapa, referente ao crédito, o débito não pode ocorrer, sob pena de causar inconsistência nos dados. Em situações desse tipo, os sistemas devem estar preparados para garantir uma execução de todos os comandos como uma unidade lógica, que, em caso de falhas, retornará ao *status* inicial.

Outro aspecto importante é a preservação dos registros de alterações realizadas nos sistemas, o que se conhece por controle de mudanças. É necessário um processo formal capaz de identificar com precisão quais são as mudanças que serão implementadas, quais seus impactos no sistema, quais foram os testes realizados e quem aprovou a alteração.

Em suma, o desenvolvimento e a manutenção de sistemas devem observar os princípios de segurança da informação, desde a elicitação de requisitos, até a formalização de testes de *software* e o controle de alterações.

◆ ◆ ◆

Seção II
Das Boas Práticas e da Governança

Art. 50. Os controladores e operadores, no âmbito de suas com-

petências, pelo tratamento de dados pessoais, individualmente ou por meio de associações, poderão formular regras de boas práticas e de governança que estabeleçam as condições de organização, o regime de funcionamento, os procedimentos, incluindo reclamações e petições de titulares, as normas de segurança, os padrões técnicos, as obrigações específicas para os diversos envolvidos no tratamento, as ações educativas, os mecanismos internos de supervisão e de mitigação de riscos e outros aspectos relacionados ao tratamento de dados pessoais.

§ 1º Ao estabelecer regras de boas práticas, o controlador e o operador levarão em consideração, em relação ao tratamento e aos dados, a natureza, o escopo, a finalidade e a probabilidade e a gravidade dos riscos e dos benefícios decorrentes de tratamento de dados do titular.

§ 2º Na aplicação dos princípios indicados nos incisos VII e VIII do caput do art. 6º desta Lei, o controlador, observados a estrutura, a escala e o volume de suas operações, bem como a sensibilidade dos dados tratados e a probabilidade e a gravidade dos danos para os titulares dos dados, poderá:

I - implementar programa de governança em privacidade que, no mínimo:

a) demonstre o comprometimento do controlador em adotar processos e políticas internas que assegurem o cumprimento, de forma abrangente, de normas e boas práticas relativas à proteção de dados pessoais;

b) seja aplicável a todo o conjunto de dados pessoais que estejam sob seu controle, independentemente do modo como se realizou sua coleta;

c) seja adaptado à estrutura, à escala e ao volume de suas operações, bem como à sensibilidade dos dados tratados;

d) estabeleça políticas e salvaguardas adequadas com base em processo de avaliação sistemática de impactos e riscos à privacidade;

e) tenha o objetivo de estabelecer relação de confiança com o titular, por meio de atuação transparente e que assegure mecanismos de participação do titular;

f) esteja integrado a sua estrutura geral de governança e estab-

eleça e aplique mecanismos de supervisão internos e externos;

g) conte com planos de resposta a incidentes e remediação; e

h) seja atualizado constantemente com base em informações obtidas a partir de monitoramento contínuo e avaliações periódicas;

II - demonstrar a efetividade de seu programa de governança em privacidade quando apropriado e, em especial, a pedido da autoridade nacional ou de outra entidade responsável por promover o cumprimento de boas práticas ou códigos de conduta, os quais, de forma independente, promovam o cumprimento desta Lei.

§ 3º As regras de boas práticas e de governança deverão ser publicadas e atualizadas periodicamente e poderão ser reconhecidas e divulgadas pela autoridade nacional.

O artigo estabelece que os agentes de tratamento poderão dispor a respeito do modelo organizacional de proteção de dados a ser implementado. Trata-se de um conjunto de regras de boas práticas que demonstram o comprometimento da organização com a segurança informacional e a proteção dos dados pessoais. O tema é tratado na ABNT NBR ISO/IEC 27701:2019, em que a organização deve determinar os fatores externos e internos que são pertinentes para o seu contexto e que afetam a sua capacidade de alcançar os resultados pretendidos do seu sistema de gestão da privacidade da informação. Assim, em um momento inicial, deverá determinar o papel do controlador e do operador, bem como avaliar como se aplicam, em seu contexto, a legislação, as práticas de governança e as decisões administrativas. Deverá ainda ser capaz de compreender as necessidades e expectativas das partes interessadas (como os titulares dos dados), bem como modelar e implementar um sistema de gestão de segurança da informação apropriado para a sua realidade. Assim, será possível demonstrar, inclusive quando requisitado pela autoridade nacional, que envidou esforços no sentido de garantir os princípios e regras estabelecidos na regulação nacional de proteção de dados.

◆ ◆ ◆

Art. 51. A autoridade nacional estimulará a adoção de padrões técnicos que facilitem o controle pelos titulares dos seus dados pessoais.

Há uma vasta literatura em segurança da informação e proteção de dados, que abrange técnicas de desenvolvimento de sistemas, boas práticas de gestão organizacional e aspectos jurídicas de proteção da privacidade. É um universo multidisciplinar que envolve diversos profissionais, como cientistas da computação, gestores e juristas. Diante do vasto conhecimento já desenvolvido sobre o tema, caberá à autoridade nacional promover a disseminação de padrões técnicos, capazes de contribuir com o cenário de proteção de dados do país.

CAPÍTULO VIII – DA FISCALIZAÇÃO (ARTS. 52 A 54)

Seção I
Das Sanções Administrativas

Art. 52. Os agentes de tratamento de dados, em razão das infrações cometidas às normas previstas nesta Lei, ficam sujeitos às seguintes sanções administrativas aplicáveis pela autoridade nacional:

I - advertência, com indicação de prazo para adoção de medidas corretivas;

II - multa simples, de até 2% (dois por cento) do faturamento da pessoa jurídica de direito privado, grupo ou conglomerado no Brasil no seu último exercício, excluídos os tributos, limitada, no total, a R$ 50.000.000,00 (cinquenta milhões de reais) por infração;

III - multa diária, observado o limite total a que se refere o inciso II;

IV - publicização da infração após devidamente apurada e confirmada a sua ocorrência;

V - bloqueio dos dados pessoais a que se refere a infração até a sua regularização;

VI - eliminação dos dados pessoais a que se refere a infração;

VII - (VETADO);

VIII - (VETADO);

IX - (VETADO).

X - suspensão parcial do funcionamento do banco de dados a que *se refere a infração pelo período máximo de 6 (seis) meses, prorrogável por igual período, até a regularização da atividade de tratamento pelo controlador; (Incluído pela Lei nº 13.853, de 2019)*

XI - suspensão do exercício da atividade de tratamento dos dados pessoais a que se refere a infração pelo período máximo de 6 (seis) meses, prorrogável por igual período; (Incluído pela Lei nº 13.853, de 2019)

XII - proibição parcial ou total do exercício de atividades relacionadas a tratamento de dados. (Incluído pela Lei nº 13.853, de 2019)

§ 1º As sanções serão aplicadas após procedimento administrativo que possibilite a oportunidade da ampla defesa, de forma gradativa, isolada ou cumulativa, de acordo com as peculiaridades do caso concreto e considerados os seguintes parâmetros e critérios:

I - a gravidade e a natureza das infrações e dos direitos pessoais afetados;

II - a boa-fé do infrator;

III - a vantagem auferida ou pretendida pelo infrator;

IV - a condição econômica do infrator;

V - a reincidência;

VI - o grau do dano;

VII - a cooperação do infrator;

VIII - a adoção reiterada e demonstrada de mecanismos e procedimentos internos capazes de minimizar o dano, voltados ao tratamento seguro e adequado de dados, em consonância com o disposto no inciso II do § 2º do art. 48 desta Lei;

IX - a adoção de política de boas práticas e governança;

X - a pronta adoção de medidas corretivas; e

XI - a proporcionalidade entre a gravidade da falta e a intensidade da sanção.

§ 2º O disposto neste artigo não substitui a aplicação de sanções administrativas, civis ou penais definidas na Lei nº 8.078, de 11 de setembro de 1990, e em legislação específica. (Redação dada pela Lei nº 13.853, de 2019)

§ 3º O disposto nos incisos I, IV, V, VI, X, XI e XII do caput deste artigo poderá ser aplicado às entidades e aos órgãos públicos, sem prejuízo do disposto na Lei nº 8.112, de 11 de dezembro de 1990, na

Lei nº 8.429, de 2 de junho de 1992, e na Lei nº 12.527, de 18 de novembro de 2011. (Promulgação partes vetadas)

§ 4º No cálculo do valor da multa de que trata o inciso II do caput deste artigo, a autoridade nacional poderá considerar o faturamento total da empresa ou grupo de empresas, quando não dispuser do valor do faturamento no ramo de atividade empresarial em que ocorreu a infração, definido pela autoridade nacional, ou quando o valor for apresentado de forma incompleta ou não for demonstrado de forma inequívoca e idônea.

§ 5º O produto da arrecadação das multas aplicadas pela ANPD, inscritas ou não em dívida ativa, será destinado ao Fundo de Defesa de Direitos Difusos de que tratam o art. 13 da Lei nº 7.347, de 24 de julho de 1985, e a Lei nº 9.008, de 21 de março de 1995. (Incluído pela Lei nº 13.853, de 2019)

§ 6º As sanções previstas nos incisos X, XI e XII do caput deste artigo serão aplicadas: (Incluído pela Lei nº 13.853, de 2019)

I - somente após já ter sido imposta ao menos 1 (uma) das sanções de que tratam os incisos II, III, IV, V e VI do caput deste artigo para o mesmo caso concreto; e (Incluído pela Lei nº 13.853, de 2019)

II - em caso de controladores submetidos a outros órgãos e entidades com competências sancionatórias, ouvidos esses órgãos. (Incluído pela Lei nº 13.853, de 2019)

§ 7º Os vazamentos individuais ou os acessos não autorizados de que trata o caput do art. 46 desta Lei poderão ser objeto de conciliação direta entre controlador e titular e, caso não haja acordo, o controlador estará sujeito à aplicação das penalidades de que trata este artigo. (Incluído pela Lei nº 13.853, de 2019)

A sanção, por estar intrínseca na construção de uma organização da coletividade, foi sempre fonte de intensas discussões na Filosofia e na Teoria Geral do Direito. A concepção de sanção define como o papel do Estado é interpretado, bem como quais os fundamentos da sua relação com os indivíduos.

Segundo Kelsen[66], as sanções são estabelecidas pela ordem jurídica com o fim de ocasionar certa conduta humana que o legislador considera desejável.

Para Pasukanis[67], que define o Direito com base no modo de produção capitalista, a sanção possui o elemento reparação enquanto troca. É lição do jusfilósofo russo:

> *O delito pode ser considerado como uma variedade particular de circulação, na qual a relação de troca, a relação contratual, é fixada pela ação arbitrária de uma das partes. A proporção entre delito e reparação igualmente se reduz a uma proporção de troca. (PASUKANIS, 1989).*

Habermas[68] propõe a construção de um direito a partir de uma racionalidade comunicativa, na qual a norma é obedecida não apenas pela coerção, mas pela consciência de sua construção coletiva e democrática.

Reale[69] apresenta a seguinte definição de sanção, buscando diferenciá-la de coerção, uma de suas espécies:

> *Sanção é toda consequência que se agrega, intencionalmente, a uma norma, visando ao seu cumprimento obrigatório. Sanção, portanto, é somente aquela consequência querida, desejada, posta com o fim específico de tutelar a regra. Quando a medida se reveste de uma expressão de força física, temos propriamente o que se chama de coação. A coação, de que tanto falam os juristas é assim uma espécie de sanção, ou seja, a sanção de ordem física. (REALE, 1969).*

A expressão da sanção no âmbito da Administração Pública é o processo administrativo sancionador, cuja finalidade é apurar a materialidade e a autoria da imputação, ponderar as circunstâncias do ocorrido e aplicar, se for o caso, as penalidades. Nesse contexto, como expressão do poder de polícia, estão as sanções de polícia, que se constituem em aplicação de penalidades após a constatação de infrações cometidas pelos entes regulados. São princípios que regem o direito administrativo sancionador o princípio da legalidade; o princípio da presunção de inocência; o princípio da ampla defesa; o princípio da motivação; o princípio da proporcionalidade e o princípio da impessoalidade.

Um processo administrativo sancionador é composto pelas seguintes fases: a) instauração; b) defesa; c) instrução; d) decisão de primeira instância; e) recurso; f) revisão; g) reconsideração; h) decisão de segunda instância; i) execução; j) arquivamento.

Constatada a infração de disposição normativa na esfera administrativa, será lavrado o auto de infração pelo agente público competente, o que corresponde à instauração do processo administrativo sancionador.

Lavrado o auto de infração, o administrado deve ser devidamente intimado, iniciando-se assim o prazo para apresentação de sua defesa, que poderá ser feita pessoalmente ou por advogado habilitado.

Na fase de instrução do processo, o administrado poderá juntar documentos, pareceres, bem como requerer diligências e informações, desde que pertinentes e relevantes para o deslinde da questão.

Concluída a instrução, a Administração Pública decidirá em primeira instância a respeito da questão, reconhecendo ou não a infração e, se for o caso, fixando o valor da multa cominatória.

Exarada a decisão confirmando a infração, a Administração Pública expedirá intimação para ciência do administrado, concedendo-lhe prazo para interpor recurso ou cumprir com a sanção que lhe foi aplicada.

Nos termos da Lei nº 9.784/1999, os processos administrativos de que resultem sanções poderão ser objeto de revisão, a qualquer tempo, a pedido ou de ofício, quando surgirem fatos novos ou circunstâncias relevantes suscetíveis de justificar a inadequação da sanção aplicada. Segundo José dos Santos Carvalho Filho, "o recurso de revisão exige a presença de três pressupostos específicos: 1º) que os fatos sejam novos; 2º) que as circunstâncias sejam relevantes; e 3º) que deles emane a conclusão de que foi inadequada a sanção". Da revisão do processo não poderá resultar agravamento da sanção.

O recurso será dirigido à autoridade que proferiu a decisão.

Recebido o recurso, o órgão que proferiu a decisão de primeira instância se manifestará, preliminarmente, acerca da sua admissibilidade ou não, podendo reconsiderar sua decisão. Se o recorrente alegar que a decisão administrativa contraria enunciado da súmula vinculante, caberá à autoridade prolatora da decisão impugnada, se não a reconsiderar, explicitar, antes de encaminhar o recurso à autoridade superior, as razões da aplicabilidade ou inaplicabilidade da súmula, conforme o caso.

Na fase seguinte, a Administração Pública profere decisão em segunda instância. O órgão competente para decidir o recurso poderá confirmar, modificar, anular ou revogar, total ou parcialmente, a decisão recorrida, se a matéria for de sua competência. Se da aplicação do disposto neste artigo puder decorrer gravame à situação do recorrente, este deverá ser cientificado para que formule suas alegações antes da decisão.

Na fase de execução, a Administração Pública deve apurar a liquidez e certeza da dívida ativa decorrente da aplicação da sanção, para fins de inscrição e cobrança amigável ou judicial.

Encerradas todas as etapas do processo administrativo, tendo este alcançado o seu fim, ocorre o arquivamento.

No curso do processo administrativo sancionador, a autoridade nacional poderá aplicar as sanções administrativas previstas nos incisos I a XII, não sendo, portanto, possível a utilização de penalidade diversa pela Administração Pública, que está submetida ao Princípio da Legalidade. Nesse ponto, cabem as seguintes observações:

a) em relação à penalidade de advertência, a autoridade nacional deverá estabelecer prazo para implantação de medidas corretivas. A manutenção da situação irregular após o referido prazo deverá configurar reincidência, sujeitando o agente de tratamento a penalidade mais gravosa.

b) Em relação às penalidades de multa simples e diária, os valores devem observar os limites do dispositivo. De todo modo, a autoridade nacional deverá dispor a respeito das espécies de infrações, indicando penalidade proporcional, e a sanção deve possuir caráter preventivo e retributivo.

Nesse contexto, o valor da sanção de multa deve superar o mínimo necessário para tornar a conduta punida economicamente desinteressante ao administrado. Para tanto, deve-se considerar a vantagem econômica da prática do ilícito.

c)	Em relação à penalidade de publicização da infração após devidamente apurada e confirmada a sua ocorrência, trata-se de tentativa de indução de comportamento por meio de exposição dos fatos ao público. Nesse sentido, melhor seria estabelecer a referida publicidade como etapa do processo sancionador, diante de todas as infrações cometidas pelos agentes de tratamento, evidentemente sem expor dados pessoais dos titulares.

d)	Em relação ao bloqueio dos dados pessoais a que se refere a infração até a sua regularização, verifica-se grande fragilidade na medida. Ocorre que, prevista como penalidade, a medida apenas poderá ser implementada através de decisão da autoridade nacional, superadas as fases de instauração, defesa e instrução. Comete grave equívoco o legislador ao autorizar a continuidade do tratamento dos dados por todo o período, ainda que haja indícios de infrações que justifiquem as ações fiscalizatórias. O modelo não oferece à autoridade nacional os necessários instrumentos para, preventivamente, bloquear os dados pessoais a que se refere a infração, até a conclusão da apuração, quando a medida poderia ser confirmada ou revogada. A falha do modelo é grave e merece ser revista com urgência.

e)	Em relação à eliminação dos dados pessoais a que se refere a infração, a medida merece maior aprofundamento por atos regulatórios da autoridade nacional, por consistir, em si, tratamento de dados pessoais, sendo possível cogitar que a comunicação dos fatos ao titular poderia contribuir para o melhor desfecho das ações.

f)	Em relação à suspensão parcial do funcionamento do banco de dados, cabem as mesmas críticas relativas ao bloqueio de dados pessoais, de modo que a ação seria melhor qualificada como medida preventiva, pendente de confirmação ou revogação.

g) Em relação à suspensão do exercício da atividade de tratamento dos dados pessoais, bem como proibição parcial ou
total do exercício de atividades relacionadas a tratamento
de dados, trata-se das medidas mais gravosas previstas no
dispositivo. Deve-se atentar, entretanto, que as medidas são
aplicadas ao agente de tratamento, eventualmente identificado como pessoa jurídica. Desta forma, não há óbice para
que os dirigentes da organização constituam nova pessoa
jurídica para continuidade de suas atividades, o que representa grave ameaça à efetividade da norma. Portanto, é preciso com urgência rever a norma, de modo a garantir sua
máxima efetividade.

Constaram na proposição aprovada pelo Congresso Nacional
os incisos VII, VIII e IX, assim redigidos:

> *"VII - suspensão parcial ou total do funcionamento
> do banco de dados a que se refere a infração pelo
> período máximo de 6 (seis) meses, prorrogável por
> igual período até a regularização da atividade de tra-
> tamento pelo controlador;*
>
> *VIII - suspensão do exercício da atividade de trata-
> mento dos dados pessoais a que se refere a infração
> pelo período máximo de 6 (seis) meses, prorrogável por
> igual período;*
>
> *IX - proibição parcial ou total do exercício de ativi-
> dades relacionadas a tratamento de dados."*

As razões do veto sugerem que as sanções poderiam gerar
insegurança aos responsáveis por essas informações, bem como
impossibilitar a utilização e tratamento de bancos de dados essenciais a diversas atividades. Cita-se especificamente no veto
presidencial a possibilidade de prejuízo ao Sistema Financeiro
Nacional.

Respeitados os posicionamentos em contrário, a efetividade

desta Lei só poderá ser garantida se a autoridade nacional dispuser de instrumentos adequados de fiscalização. De todo modo, as sanções forem acrescidas ao rol do dispositivo pela Lei nº 13.853/2019, e constam nos incisos X, XI e XII anteriormente analisados.

O § 1º, I a XI, do preceito em análise estabelece ainda parâmetros e critérios a serem considerados na aplicação de sanção. Em que pese contribuir para a aplicação de uma sanção proporcional, em observância ao princípio da individualização da sanção, a norma é omissa em tratar de aspectos importantes da dosimetria da sanção. De fato, não há qualquer previsão a respeito da forma como tais parâmetros e critérios serão utilizados. São aplicações possíveis: a) reconhecimento e aplicação de circunstância agravantes; b) reconhecimento e aplicação de circunstância atenuante; c) aplicação de fatores de compatibilização de penalidade. Em relação à aplicação de circunstâncias agravantes e atenuantes, trata-se de acréscimos ou redução percentual da sanção prevista. Neste ponto, o legislador perder a oportunidade de estabelecer quais parâmetros e critérios serão considerados como circunstâncias agravantes e atenuantes, bem como quais os limites para os acréscimos e reduções. Em relação aos fatores de compatibilização, trata-se de adequação proporcional das sanções a características pessoais do infrator, sendo certo que as multas aplicadas a empresas de pequeno porte não podem ser semelhantes àquelas aplicadas a empresas de grande porte. De modo semelhante, a norma não estabelece quais parâmetros e critérios serão considerados na compatibilização da sanção, tampouco descreve categorias e índices a serem considerados nesta etapa. Caberá à autoridade nacional estabelecer, de fato, as regras da dosimetria da sanção administrativa.

É interessante destacar que a norma estabelece a destinação do produto da arrecadação das multas. Nesse sentido, deve compor o Fundo de Defesa de Direitos Difusos (FDD), criado pela Lei nº 7.347, de 24 de julho de 1985, que tem por finalidade a reparação dos danos causados ao meio ambiente, ao consumidor, a bens e direitos de valor artístico, estético, histórico, turístico, paisagístico, por infração à ordem econômica e a outros interesses difusos e coletivos. Entretanto, Eduardo Jordão e Maurício Portugal Ribeiro[70] ressaltam que, no âmbito da União, o "Princípio da Unidade Orçamentária" tem sido interpretado como exigência de que todos os recursos arrecadados por agências reguladoras voltem para a conta única da União. Assim, ficam dependentes de realocação orçamentária para retornar à agência. Nesse contexto, é imprescindível o fortalecimento das vias de controle (social, administrativo e judicial) no sentido de garantir a devida destinação legal dos recursos oriundos das multas aplicadas pela ANPD.

O dispositivo prevê ainda a possibilidade de conciliação direta entre controlador e titular, em casos de vazamentos de dados e acessos não autorizados. Ocorrida tal conciliação, o processo administrativo sancionador não terá seguimento. Adicionalmente, vale destacar a previsão do art. 26 da Lei de Introdução ao Direito Brasileiro de que a autoridade administrativa poderá, após oitiva do órgão jurídico e, quando for o caso, após realização de consulta pública, e presentes razões de relevante interesse geral, celebrar compromisso com os interessados. A finalidade da realização deste compromisso é eliminar irregularidade, incerteza jurídica ou situação contenciosa na aplicação do direito público. Trata-se, portanto, de alternativa à regulação punitiva, que consiste em buscar solução jurídica proporcional, equânime, eficiente e compatível com os interesses gerais.

◆ ◆ ◆

Art. 53. A autoridade nacional definirá, por meio de regulamento próprio sobre sanções administrativas a infrações a esta Lei, que deverá ser objeto de consulta pública, as metodologias que orientarão o cálculo do valor-base das sanções de multa.

§ 1º As metodologias a que se refere o caput deste artigo devem ser previamente publicadas, para ciência dos agentes de tratamento, e devem apresentar objetivamente as formas e dosimetrias para o cálculo do valor-base das sanções de multa, que deverão conter fun-

damentação detalhada de todos os seus elementos, demonstrando a observância dos critérios previstos nesta Lei.

§ 2º O regulamento de sanções e metodologias correspondentes deve estabelecer as circunstâncias e as condições para a adoção de multa simples ou diária.

A Lei limitou-se a atribuir à autoridade nacional a competência para dispor a respeito das espécies de infrações administrativas e da dosimetria para o cálculo de sanções. Nesse sentido, há muito o que se discutir. São aspectos que precisam ser tratados pela ANPD, de modo a viabilizar ações efetivas de fiscalização: a) elaboração de código de infrações administrativas sobre proteção de dados pessoais; b) estabelecimento de sanções proporcionais e adequadas para cada infração; c) estabelecimento de fatores de compatibilização de penalidade; d) estabelecimento de circunstancias agravantes; e) estabelecimento de circunstâncias atenuantes; f) discussão a respeito de concessão de descontos por pagamentos antecipados de multas; g) estabelecimento de regras sobre reincidências e seus efeitos. Evidentemente que todas as decisões relativas a tais temas devem ser devidamente motivadas, o que exige da autoridade nacional a utilização de conhecimento de técnicas regulatórias apropriadas, sob pena de comprometer o modelo fiscalizatório, contaminando-o com abusos inadmissíveis e vícios de finalidade.

◆ ◆ ◆

Art. 54. O valor da sanção de multa diária aplicável às infrações a esta Lei deve observar a gravidade da falta e a extensão do dano ou prejuízo causado e ser fundamentado pela autoridade nacional.

Parágrafo único. A intimação da sanção de multa diária deverá conter, no mínimo, a descrição da obrigação imposta, o prazo razoável e estipulado pelo órgão para o seu cumprimento e o valor da multa diária a ser aplicada pelo seu descumprimento.

Ao tratar da sanção de multa diária, o dispositivo pouco acrescenta ao que já foi previsto pela norma. A observância aos critérios de gravidade da falta e de extensão do dano ou prejuízo causado já constavam no art. 52, § 1º, I e VI. Ademais, a necessária fundamentação pela autoridade nacional decorre na própria necessidade de atendimento ao requisito de motivação dos atos administrativos. Cabe apenas destacar que a multa diária deverá incidir apenas a partir da intimação do agente de tratamento em relação à decisão administrativa.

CAPÍTULO IX – DA AUTORIDADE NACIONAL DE PROTEÇÃO DE DADOS (ANPD) E DO CONSELHO NACIONAL DE PROTEÇÃO DE DADOS PESSOAIS E DA PRIVACIDADE (ARTS. 55 A 59)

Seção I
Da Autoridade Nacional de Proteção de Dados (ANPD)

Art. 55. (VETADO).

Constou na proposição aprovada pelo Congresso Nacional o

art. 55, assim redigido:

> *"Art. 55. É criada a Autoridade Nacional de Proteção de Dados (ANPD), integrante da administração pública federal indireta, submetida a regime autárquico especial e vinculada ao Ministério da Justiça.*
>
> *§ 1º A ANPD deverá ser regida nos termos previstos na Lei nº 9.986, de 18 de julho de 2000.*
>
> *§ 2º A ANPD será composta pelo Conselho Diretor, como órgão máximo, e pelo Conselho Nacional de Proteção de Dados Pessoais e da Privacidade, além das unidades especializadas para a aplicação desta Lei.*
>
> *3º A natureza de autarquia especial conferida à ANPD é caracterizada por independência administrativa, ausência de subordinação hierárquica, mandato fixo e estabilidade de seus dirigentes e autonomia financeira.*
>
> *§ 4º O regulamento e a estrutura organizacional da ANPD serão aprovados por decreto do Presidente da República.*
>
> *§ 5º O Conselho Diretor será composto por 3 (três) conselheiros e decidirá por maioria.*
>
> *§ 6º O mandato dos membros do Conselho Diretor será de 4 (quatro) anos.*
>
> *§ 7º Os mandatos dos primeiros membros do Conselho Diretor serão de 3 (três), 4 (quatro) e 5 (cinco) anos, a serem estabelecidos no decreto de nomeação.*
>
> *§ 8º É vedado a ex-conselheiro utilizar informações privilegiadas obtidas em decorrência do cargo exercido, sob pena de incorrer em improbidade administrativa.*

No entanto, o dispositivo incorreu em inconstitucionalidade ao criar a Autoridade Nacional de Proteção de Dados (ANPD), integrante da Administração Pública federal indireta, submetida a regime autárquico especial e vinculada ao Ministério da Justiça. Por se tratar de disposições a respeito de criação de órgão da Administração Pública, a iniciativa é privativa do Presidente da República, nos termos do art. 61, § 1º, II, "e", cumulado com o art. 37, XIX, da Constituição. Dessa forma, o dispositivo foi vetado.

◆ ◆ ◆

Art. 55-A. Fica criada, sem aumento de despesa, a Autoridade Nacional de Proteção de Dados (ANPD), órgão da administração pública federal, integrante da Presidência da República. (Incluído pela Lei nº 13.853, de 2019)

§ 1º A natureza jurídica da ANPD é transitória e poderá ser transformada pelo Poder Executivo em entidade da administração pública federal indireta, submetida a regime autárquico especial e vinculada à Presidência da República. (Incluído pela Lei nº 13.853, de 2019)

§ 2º A avaliação quanto à transformação de que dispõe o § 1º deste artigo deverá ocorrer em até 2 (dois) anos da data da entrada em vigor da estrutura regimental da ANPD. (Incluído pela Lei nº 13.853, de 2019)

§ 3º O provimento dos cargos e das funções necessários à criação e à atuação da ANPD está condicionado à expressa autorização física e financeira na lei orçamentária anual e à permissão na lei de diretrizes orçamentárias. (Incluído pela Lei nº 13.853, de 2019)

A Autoridade Nacional de Proteção de Dados (ANPD) foi criada como órgão da Administração Pública direta, integrante da Presidência da República, através da Medida Provisória nº 869/2018, proposta após os vetos ao presente Capítulo. De fato, a LGPD teve por origem o Projeto de Lei nº 4060/2012, de iniciativa parlamentar, contrariando o disposto no art. 61, § 1º, II. Embora a redação aprovada tenha recebido influências de projeto de lei anteriormente apresentado pelo Poder Executivo[71], o vício de iniciativa de fato tornaria inconstitucional a criação da autoridade nacional. Na proposição da medida provisória, inclusive, os vetos foram mencionados como justificativa para o cumprimento dos requisitos de urgência e relevância. Alegou-se que os vetos acabaram por gerar grande risco de insegurança jurídica para a sociedade civil em face da falta de definição do órgão responsável pela regulação, controle e fiscalização da aplicação da Lei. A referida medida provisória foi transformada na Lei nº 13.853/2019, que alterou a LGPD, enfim criando a ANPD.

O órgão regulador foi criado em desconcentração, sem personalidade jurídica própria, pois integrante da União, utilizando cargos e funções alocados em estruturas de órgãos e entidades do Poder Executivo. Destacou-se ainda que a ANPD foi criada sem aumento de despesa, por se tratar de despesas de pessoal que já possuíam atesto orçamentário desde a composição dos órgãos e entidades de origem.

Todavia, o dispositivo caracteriza a natureza jurídica da ANPD como transitória, de modo que o órgão, criado em 2019, poderia ser transformado em autarquia especial até 2021. A conversão depende de aprovação de nova Lei pelo Congresso Nacional. O modelo é semelhante ao adotado na criação das agências reguladoras nacionais, com a particularidade de que a entidade estaria vinculada diretamente à Presidência da República.

◆ ◆ ◆

Art. 55-B. É assegurada autonomia técnica e decisória à ANPD. (Incluído pela Lei nº 13.853, de 2019)

A valorização dos fundamentos técnicos na tomada de decisões é característica do desenvolvimento do Estado Regulador. De fato, a própria criação de órgãos reguladores foi motivada, entre outros fatores, pela utilização de conhecimentos técnicos especializados na regulação de mercados.

Ao assegurar a competência técnica, o dispositivo reafirma a valorização do conhecimento científico na regulação da proteção de dados pessoais. Nesse ponto, pode-se refletir a respeito das questões seguintes, que permeiam o tema.

Primeiro, considerando-se a autonomia atribuída à ANPD, pode-se afirmar que seus atos regulatórios serão emitidos no exercício de competência discricionária? Em outras palavras, há discricionariedade técnica na regulação da ANPD?

A competência discricionária é aquela exercida pela autoridade quando está diante de indiferentes jurídicos, isto é, quando há uma pluralidade de soluções legalmente admitidas, sendo possível optar por uma delas segundo critérios de conveniência e oportunidade. Para Vladmir França[72], a discricionariedade administrativa se manifesta quando: a) a lei expressamente confere ao administrador a faculdade de optar por uma das soluções jurídicas; b) a lei deixa de apontar o motivo ou o objeto do ato administrativo ou c) a lei emprega conceito jurídicos indeterminados. Ora, por se tratar de um órgão regulador, criado sob o enfoque da valorização do conhecimento especializado, na maioria das vezes, a ANPD deverá decidir a partir de critérios técnico-científicos mais apropriados. Em outras palavras, prepondera a atuação no exercício de competência vinculada, uma vez que, para a autoridade nacional, não há outra opção senão atuar, no caso concreto, do modo mais compatível com o arcabouço regulatório. Este posicionamento alinha-se com o de Edilson Nobre[73], para quem cada vez mais o desenvolvimento das ciências faz com que a Administração Pública seja influenciada por considerações de ordem técnica, as quais longe estão de significar discricionariedade.

Segundo, diante da valorização dos fundamentos técnicos das decisões, qual papel resta à política? Não teria a política, realmente, nada a acrescentar na discussão sobre proteção de dados?

O enfoque técnico-científico no modelo de Estado Regulador tem, como outro lado da moeda, a confirmação da crise de legitimidade dos agentes políticos perante a sociedade. O agravamento das crises política e institucional vivenciadas no Estado brasileiro, sobretudo no século XXI, elevou as decisões de caráter exclusivamente técnico ao patamar de ideal a ser alcançado. O fato é que discussões de caráter político, capazes de incluir posicionamentos de diversos setores da sociedade, e compatíveis com o plano de governo democraticamente escolhido pelos cidadãos, é parte do desenvolvimento estatal, e dele depende uma adequada organização social. No fortalecimento da proteção de dados pessoais, a política é elemento importante, sobretudo nas discussões realizadas no âmbito do Conselho Nacional de Proteção de Dados Pessoais e da Privacidade, a ser analisado no art. 58-A e seguintes.

Finalmente, ainda em relação ao preceito em análise, vale ressaltar que a autonomia técnica e decisória à ANPD depende, dentre outros aspectos, de: a) competência do órgão para julgamento de recursos em última instância administrativa; b) transformação da natureza jurídica em autarquia especial, reduzindo a influência da Administração Direta na tomada de decisões; c) autonomia financeira e orçamentária; d) deferência moderada do Poder Judiciário em relação às suas decisões; e) estabilidade de seus dirigentes e f) quarentena de saída.

Art. 55-C. A ANPD é composta de: (Incluído pela Lei nº 13.853, de 2019)

I - Conselho Diretor, órgão máximo de direção; (Incluído pela Lei nº 13.853, de 2019)

II - Conselho Nacional de Proteção de Dados Pessoais e da Privacidade; (Incluído pela Lei nº 13.853, de 2019)

III - Corregedoria; (Incluído pela Lei nº 13.853, de 2019)

IV - Ouvidoria; (Incluído pela Lei nº 13.853, de 2019)

V - órgão de assessoramento jurídico próprio; e (Incluído pela Lei nº 13.853, de 2019)

VI - unidades administrativas e unidades especializadas necessárias à aplicação do disposto nesta Lei. (Incluído pela Lei nº 13.853, de 2019)

A Lei apresenta a composição interna da ANPD, sem prejuízo à criação de outras unidades administrativas e unidades especializadas necessárias à aplicação do disposto nesta Lei.

O órgão máximo da entidade é o Conselho Diretor, objeto da disciplina dos arts. 55-D a 55-F da LGPD, bem como dos arts. 4º a 13 do Decreto nº 10.474/2020.

O Conselho Nacional de Proteção de Dados Pessoais e da Privacidade, de caráter consultivo, é tratado nos arts. 58-A e 58-B, bem como nos arts. 14 a 17 do Decreto nº 10.474/2020.

A Corregedoria, órgão seccional do Sistema de Correição do Poder Executivo Federal, também prevista no artigo em análise, tem suas atribuições definidas no art. 21 do Decreto nº 10.474/2020. São elas: a) planejar, dirigir, orientar, supervisionar, avaliar e controlar as atividades de correição, no âmbito da ANPD; b) instaurar ou requisitar a instauração de procedimentos disciplinares, de ofício ou a partir de representações e de denúncias, e decidir acerca das propostas de arquivamento de denúncias e representações; c) encaminhar ao Ministro Chefe da Casa Civil da Presidência da República proposta de instauração processo administrativo disciplinar contra membros do Conselho Diretor; e d) exercer as competências previstas no art. 5º do Decreto nº 5.480/2005, que dispõe sobre o Sistema de Correição do Poder Executivo Federal.

A Ouvidoria, unidade setorial do Sistema de Ouvidoria do Poder Executivo Federal, também prevista no artigo em análise, tem suas atribuições definidas no art. 22 do Decreto nº 10.474/2020. São elas: a) receber, examinar e encaminhar denúncias, reclamações, elogios e sugestões referentes a procedimentos e ações de agentes e órgãos, no âmbito da ANPD; b) coordenar, orientar, executar e controlar as atividades do Serviço de Informação ao Cidadão, no âmbito da ANPD; c) propor ações e sugerir prioridades nas atividades de ouvidoria da ANPD; d) informar ao órgão central do Sistema de Ouvidoria do Poder Executivo Federal sobre o acompanhamento e a avaliação dos programas e dos projetos de atividades de ouvidoria, no âmbito da ANPD; e) organizar e divulgar informações sobre atividades de ouvidoria e procedimentos operacionais; f) produzir e analisar dados e informações sobre as atividades de ouvidoria, para subsidiar recomendações e propostas de medidas para aprimorar a prestação de serviços públicos e para corrigir falhas; g) processar as informações obtidas por meio das manifestações recebidas e das pesquisas de satisfação realizadas com o fim de avaliar os serviços públicos prestados, em especial quanto ao cumprimento dos compromissos e aos padrões de qualidade de atendimento da Carta de Serviços ao Usuário, de que trata o art. 7º da Lei nº 13.460, de 26 de junho de 2017; e h) executar as atividades de ouvidoria previstas no art. 13 da Lei nº 13.460, de 2017.

Finalmente, a Assessoria Jurídica é órgão setorial da Advocacia-Geral da União junto à ANPD, cujas competências são previstas no art. 23 do Decreto nº 10.474/2020, nos termos seguintes: a) prestar assessoria e consultoria jurídica, no âmbito da ANPD; b) fixar a interpretação da Constituição, das leis, dos tratados e dos demais atos normativos, a ser uniformemente seguida na área de atuação da ANPD, quando não houver orientação normativa do Advogado-Geral da União; c) atuar, em conjunto com os órgãos técnicos da ANPD, na elaboração de propostas de atos normativos que serão submetidas ao Diretor Presidente; d) realizar a revisão final da técnica legislativa e emitir parecer conclusivo sobre a constitucionalidade, a legalidade e a compatibilidade das propostas de atos normativos a serem editados pela ANPD com o ordenamento jurídico; e) assistir o Conselho Diretor no controle interno da legalidade administrativa dos atos da ANPD; f) examinar, prévia e conclusivamente, no âmbito da ANPD, os textos de edital de licitação e dos contratos ou instrumentos congêneres, a serem publicados e celebrados; e g) examinar, prévia e conclusivamente, no âmbito da ANPD, os atos pelos quais se reconheça a inexigibilidade ou se decida pela dispensa de licitação.

❖ ❖ ❖

Art. 55-D. O Conselho Diretor da ANPD será composto de 5 (cinco) diretores, incluído o Diretor-Presidente. (Incluído pela Lei nº 13.853, de 2019)

§ 1º Os membros do Conselho Diretor da ANPD serão escolhidos pelo Presidente da República e por ele nomeados, após aprovação pelo Senado Federal, nos termos da alínea 'f' do inciso III do art. 52 da Constituição Federal, e ocuparão cargo em comissão do Grupo-Direção e Assessoramento Superiores - DAS, no mínimo, de nível 5. (Incluído pela Lei nº 13.853, de 2019)

§ 2º Os membros do Conselho Diretor serão escolhidos dentre brasileiros que tenham reputação ilibada, nível superior de educação e elevado conceito no campo de especialidade dos cargos para os quais serão nomeados. (Incluído pela Lei nº 13.853, de 2019)

§ 3º O mandato dos membros do Conselho Diretor será de 4 (quatro) anos. (Incluído pela Lei nº 13.853, de 2019)

§ 4º Os mandatos dos primeiros membros do Conselho Diretor nomeados serão de 2 (dois), de 3 (três), de 4 (quatro), de 5 (cinco) e de 6 (seis) anos, conforme estabelecido no ato de nomeação. (Incluído pela Lei nº 13.853, de 2019)

§ 5º Na hipótese de vacância do cargo no curso do mandato de membro do Conselho Diretor, o prazo remanescente será completado pelo sucessor. (Incluído pela Lei nº 13.853, de 2019)

O Conselho Diretor é um órgão colegiado, composto por cinco Diretores, incluído o Diretor-Presidente. É comum, em órgãos colegiados, a distribuição das atribuições da entidade em Diretorias, subordinadas ao Conselho Diretor, sendo cada uma delas gerenciadas por um dos Diretores. Outro formato possível é o gerenciamento conjunto de toda a entidade, por todos os Diretores, simultaneamente. Até o fechamento desta edição, não houve criação de Diretorias subordinadas ao Conselho Diretor, mas cada Diretor conta com um Gerente de Projeto que lhe será diretamente subordinado. Além disso, compete a cada Diretor manifestar seu entendimento por meio de despacho decisório e voto, não lhes sendo permitido abster-se da votação de nenhuma matéria, ressalvados os casos de licença, ausência justificada e os de impedimento e suspeição. Os votos serão motivados, contendo resumo em forma de ementa, e fundamentação clara e congruente, admitida a declaração de concordância com fundamentos de anteriores pareceres, informações, decisões ou propostas que, nesse caso, farão parte do voto.

Os membros do Conselho Diretor da ANPD serão escolhidos pelo Presidente da República e por ele nomeados, após aprovação pelo Senado Federal, por voto secreto, após arguição pública. Para tanto, o Chefe do Executivo deverá submeter sua escolha ao Senado Federal, por meio de Mensagem, comprovando que o indicado possui reputação ilibada, nível superior de educação e elevado conceito no campo de especialidade dos cargos para os quais serão nomeados. No Senado Federal, as indicações são avaliadas inicialmente pela Comissão de Serviços de Infraestrutura e, posteriormente, pelo plenário.

Os mandatos dos membros do Conselho Diretor são de quatro anos. Entretanto, uma vez que os primeiros Diretores possuem mandatos desiguais, a nomeação para Diretoria a ANPD é anual. Ou seja, todos os anos, um único Diretor encerra seu mandato, devendo ser substituído. Entretanto, é importante destacar que a nomeação do novo Diretor depende, como visto, de indicação do Presidente da República, de tal forma que a inércia do Poder Executivo pode prejudicar o escalonamento da nomeação de Diretores. A vacância dos cargos, seguida por nomeações em bloco, representa um grave problema à autonomia, que foi classificado por Eduardo Jordão e Mauricio Portugal[74] como uma estratégia do Poder Executivo para enfraquecer o corpo diretor de órgãos reguladores.

◆ ◆ ◆

Art. 55-E. Os membros do Conselho Diretor somente perderão seus cargos em virtude de renúncia, condenação judicial transitada em julgado ou pena de demissão decorrente de processo administrativo disciplinar. (Incluído pela Lei nº 13.853, de 2019)

§ 1º Nos termos do caput deste artigo, cabe ao Ministro de Estado Chefe da Casa Civil da Presidência da República instaurar o processo administrativo disciplinar, que será conduzido por comissão especial constituída por servidores públicos federais estáveis. (Incluído pela

Lei nº 13.853, de 2019)

§ 2º Compete ao Presidente da República determinar o afastamento preventivo, somente quando assim recomendado pela comissão especial de que trata o § 1º deste artigo, e proferir o julgamento. (Incluído pela Lei nº 13.853, de 2019)

O preceito estabelece a estabilidade do mandato dos dirigentes da ANDP, que possuem prerrogativa de permanecer nos cargos do Conselho Diretor, exceto nos casos de renúncia, condenação judicial transitada em julgado ou pena de demissão decorrente de processo administrativo disciplinar. Trata-se de norma de fundamental importância para a garantia de autonomia das decisões do órgão colegiado, que podem eventualmente divergir de interesses de agentes do mercado ou de agentes políticos. Nos casos de renúncia, é direito subjetivo do dirigente a apresentação de sua manifestação, com efeitos imediatos, ao Presidente da República, que foi a autoridade competente para a nomeação.

Havendo condenação judicial transitada em julgado, a perda do cargo é declarada pela autoridade judicial, que deverá intimar a Presidência da República para providências, visando ao cumprimento da decisão.

A pena de demissão decorrente de processo administrativo disciplinar, instaurado pelo Ministro de Estado Chefe da Casa Civil da Presidência da República, deverá observar as disposições da Lei nº 8.112/90 e ser conduzido por comissão especial constituída por servidores públicos federais estáveis. Vale lembrar que a lei se aplica a servidores públicos civis da União, das autarquias, inclusive as em regime especial, e das fundações públicas federais. São passíveis de responsabilidade disciplinar, portanto, as pessoas legalmente investidas em cargo público, seja cargo efetivo ou cargo em comissão (no qual se incluem os cargos do Grupo de Direção e Assessoramento – DAS). Conforme orienta a Controladoria Geral da União (CGU), os ilícitos sujeitos à penalidade de demissão pressupõem, em regra, a responsabilidade subjetiva dolosa, de modo que o agente transgressor deve ter agido com intenção ou, ao menos, ter assumido os riscos do resultado, excepcionando-se o ilícito previsto no inciso XV do art. 117 da Lei nº 8.112/90 ("proceder de forma desidiosa"), que pressupõe responsabilidade subjetiva culposa[75]. Vale destacar que a pena de demissão é aplicável ao servidor ocupante de cargo de provimento em caráter efetivo. Nesse sentido, cabe observar o disposto no art. 135 da Lei nº 8.112/90, que estabelece que a destituição de cargo em comissão exercido por não ocupante de cargo efetivo será aplicada nos casos de infração sujeita às penalidades de suspensão e de demissão.

Finalmente, o preceito estabelece que compete ao Presidente da República determinar o afastamento preventivo e proferir o julgamento no âmbito do processo administrativo disciplinar. Consoante orientação da CGU[76], o afastamento preventivo é ato de competência da autoridade instauradora, formalizado por meio de portaria, quando se vislumbrar que o servidor acusado, caso mantido seu livre acesso à repartição, poderá trazer qualquer prejuízo à apuração, seja destruindo provas, seja coagindo demais intervenientes na instrução probatória. O instituto afasta o servidor de suas tarefas e impede seu acesso às dependências da repartição como um todo (e não apenas de sua sala de trabalho). É necessário destacar que, ao contrário da Comissão, que poderá ser reconduzida após o transcurso do prazo e de sua prorrogação, o afastamento do servidor acusado só poderá ocorrer pelo prazo de até 60 dias, admitida uma única prorrogação. Desse modo, só se admite o afastamento preventivo pelo prazo máximo de 120 dias.

Art. 55-F. Aplica-se aos membros do Conselho Diretor, após o exercício do cargo, o disposto no art. 6º da Lei nº 12.813, de 16 de maio de 2013. (Incluído pela Lei nº 13.853, de 2019)

Parágrafo único. A infração ao disposto no caput deste artigo caracteriza ato de improbidade administrativa. (Incluído pela Lei nº 13.853, de 2019)

A Lei nº 12.813/2013 dispõe sobre o conflito de interesses no exercício de cargo ou emprego do Poder Executivo federal e impedimentos posteriores ao exercício do cargo ou emprego. Em seu art. 6º, enumera as condutas que configuram conflito de interesses após o exercício de cargo ou emprego no âmbito do Poder Executivo federal. Em outras palavras, o dispositivo estabelece a quarentena de saída aos membros do Conselho Diretor, cujo descumprimento caracteriza ato de improbidade administrativa. Os impedimentos são os seguintes: I) a qualquer tempo, divulgar ou fazer uso de informação privilegiada obtida em razão das atividades exercidas e II) no período de 6 (seis) meses, contado da data da dispensa, exoneração, destituição, demissão ou aposentadoria, salvo quando expressamente autorizado, conforme o caso, pela Comissão de Ética Pública ou pela Controladoria-Geral da União: a) prestar, direta ou indiretamente, qualquer tipo de serviço a pessoa física ou jurídica com quem tenha estabelecido relacionamento relevante em razão do exercício do cargo ou emprego; b) aceitar cargo de administrador ou conselheiro ou estabelecer vínculo profissional com pessoa física ou jurídica que desempenhe atividade relacionada à área de competência do cargo ou emprego ocupado; c) celebrar com órgãos ou entidades do Poder Executivo federal contratos de serviço, consultoria, assessoramento ou atividades similares, vinculados, ainda que indiretamente, ao órgão ou entidade em que tenha ocupado o cargo ou emprego; ou d) intervir, direta ou indiretamente, em favor de interesse privado perante órgão ou entidade em que haja ocupado cargo ou emprego ou com o qual tenha estabelecido relacionamento relevante em razão do exercício do cargo ou emprego.

◆ ◆ ◆

Art. 55-G. Ato do Presidente da República disporá sobre a estrutura regimental da ANPD. (Incluído pela Lei nº 13.853, de 2019)

§ 1º Até a data de entrada em vigor de sua estrutura regimental,

a ANPD receberá o apoio técnico e administrativo da Casa Civil da Presidência da República para o exercício de suas atividades. (Incluído pela Lei nº 13.853, de 2019)

§ 2º O Conselho Diretor disporá sobre o regimento interno da ANPD. (Incluído pela Lei nº 13.853, de 2019)

Compete privativamente ao Presidente da República dispor, mediante decreto, sobre organização e funcionamento da Administração Federal, quando não implicar aumento de despesa nem criação ou extinção de órgãos públicos, nos termos do art. 84, VI, "a", da CF/88. No exercício de tal competência, foi editado o Decreto nº 10.747/2020, que aprova a Estrutura Regimental, e o Quadro Demonstrativo dos Cargos em Comissão e das Funções de Confiança da ANPD.

O preceito em análise prevê ainda que o Conselho Diretor disporá sobre o regimento interno da ANPD. Em cumprimento ao dispositivo, o Conselho Diretor publicou a Portaria nº 1/2021, que estabelece o Regimento Interno da ANPD.

◆ ◆ ◆

Art. 55-H. Os cargos em comissão e as funções de confiança da ANPD serão remanejados de outros órgãos e entidades do Poder Executivo federal. (Incluído pela Lei nº 13.853, de 2019)

O remanejamento ocorreu através do Decreto nº 10.747/2020, de modo que 16 (dezesseis) cargos em comissão e 20 (vinte) funções de confiança foram movimentados da Secretaria de Gestão da Secretaria Especial de Desburocratização, Gestão e Governo Digital do Ministério da Economia (SEGES/ME) para a ANPD.

◆ ◆ ◆

Art. 55-I. Os ocupantes dos cargos em comissão e das funções de confiança da ANPD serão indicados pelo Conselho Diretor e nomeados ou designados pelo Diretor-Presidente. (Incluído pela Lei nº

13.853, de 2019)

Cargo em comissão é espécie de cargo público, de livre nomeação e exoneração, sendo criado por lei, com denominação própria e vencimento pago pelos cofres públicos, destinado apenas às atribuições de direção, chefia e assessoramento. É regido pelos dispositivos da Lei nº 8.112/90 e pode ser ocupado por indivíduo sem cargo público anterior, observadas as condições e os percentuais mínimos previstos em lei reservados a servidores públicos ocupantes de cargo efetivo.

Função de confiança corresponde a um conjunto de atribuições exercidas exclusivamente por servidores ocupantes de cargo efetivo. Representam, portanto, um acréscimo nas funções desempenhadas pelo servidor público designado.

A exoneração de cargo em comissão e a dispensa de função de confiança dar-se-ão a juízo da autoridade competente ou a pedido do próprio servidor.

Na ANPD, a nomeação dos ocupantes dos cargos de comissão, bem como a designação de servidores público a funções de confiança, é competência do Diretor-Presidente e depende de indicação do Conselho Diretor.

Art. 55-J. Compete à ANPD: (Incluído pela Lei nº 13.853, de 2019)
I - zelar pela proteção dos dados pessoais, nos termos da legislação; (Incluído pela Lei nº 13.853, de 2019)
II - zelar pela observância dos segredos comercial e industrial, observada a proteção de dados pessoais e do sigilo das informações quando protegido por lei ou quando a quebra do sigilo violar os fundamentos do art. 2º desta Lei; (Incluído pela Lei nº 13.853, de 2019)
III - elaborar diretrizes para a Política Nacional de Proteção de Dados Pessoais e da Privacidade; (Incluído pela Lei nº 13.853, de 2019)
IV - fiscalizar e aplicar sanções em caso de tratamento de dados

realizado em descumprimento à legislação, mediante processo administrativo que assegure o contraditório, a ampla defesa e o direito de recurso; (Incluído pela Lei nº 13.853, de 2019)

V - apreciar petições de titular contra controlador após comprovada pelo titular a apresentação de reclamação ao controlador não solucionada no prazo estabelecido em regulamentação; (Incluído pela Lei nº 13.853, de 2019)

VI - promover na população o conhecimento das normas e das políticas públicas sobre proteção de dados pessoais e das medidas de segurança; (Incluído pela Lei nº 13.853, de 2019)

VII - promover e elaborar estudos sobre as práticas nacionais e internacionais de proteção de dados pessoais e privacidade; (Incluído pela Lei nº 13.853, de 2019)

VIII - estimular a adoção de padrões para serviços e produtos que facilitem o exercício de controle dos titulares sobre seus dados pessoais, os quais deverão levar em consideração as especificidades das atividades e o porte dos responsáveis; (Incluído pela Lei nº 13.853, de 2019)

IX - promover ações de cooperação com autoridades de proteção de dados pessoais de outros países, de natureza internacional ou transnacional; (Incluído pela Lei nº 13.853, de 2019)

X - dispor sobre as formas de publicidade das operações de tratamento de dados pessoais, respeitados os segredos comercial e industrial; (Incluído pela Lei nº 13.853, de 2019)

XI - solicitar, a qualquer momento, às entidades do poder público que realizem operações de tratamento de dados pessoais informe específico sobre o âmbito, a natureza dos dados e os demais detalhes do tratamento realizado, com a possibilidade de emitir parecer técnico complementar para garantir o cumprimento desta Lei; (Incluído pela Lei nº 13.853, de 2019)

XII - elaborar relatórios de gestão anuais acerca de suas atividades; (Incluído pela Lei nº 13.853, de 2019)

XIII - editar regulamentos e procedimentos sobre proteção de dados pessoais e privacidade, bem como sobre relatórios de impacto à proteção de dados pessoais para os casos em que o tratamento representar alto risco à garantia dos princípios gerais de proteção de dados pessoais previstos nesta Lei; (Incluído pela Lei nº 13.853, de 2019)

XIV - ouvir os agentes de tratamento e a sociedade em matérias de interesse relevante e prestar contas sobre suas atividades e planejamento; (Incluído pela Lei nº 13.853, de 2019)

XV - arrecadar e aplicar suas receitas e publicar, no relatório de gestão a que se refere o inciso XII do caput deste artigo, o detalhamento de suas receitas e despesas; (Incluído pela Lei nº 13.853, de 2019)

XVI - realizar auditorias, ou determinar sua realização, no âmbito da atividade de fiscalização de que trata o inciso IV e com a devida observância do disposto no inciso II do caput deste artigo, sobre o tratamento de dados pessoais efetuado pelos agentes de tratamento, incluído o poder público; (Incluído pela Lei nº 13.853, de 2019)

XVII - celebrar, a qualquer momento, compromisso com agentes de tratamento para eliminar irregularidade, incerteza jurídica ou situação contenciosa no âmbito de processos administrativos, de acordo com o previsto no Decreto-Lei nº 4.657, de 4 de setembro de 1942; (Incluído pela Lei nº 13.853, de 2019)

XVIII - editar normas, orientações e procedimentos simplificados e diferenciados, inclusive quanto aos prazos, para que microempresas e empresas de pequeno porte, bem como iniciativas empresariais de caráter incremental ou disruptivo que se autodeclarem startups ou empresas de inovação, possam adequar-se a esta Lei; (Incluído pela Lei nº 13.853, de 2019)

XIX - garantir que o tratamento de dados de idosos seja efetuado de maneira simples, clara, acessível e adequada ao seu entendimento, nos termos desta Lei e da Lei nº 10.741, de 1º de outubro de 2003 (Estatuto do Idoso); (Incluído pela Lei nº 13.853, de 2019)

XX - deliberar, na esfera administrativa, em caráter terminativo, sobre a interpretação desta Lei, as suas competências e os casos omissos; (Incluído pela Lei nº 13.853, de 2019)

XXI - comunicar às autoridades competentes as infrações penais das quais tiver conhecimento; (Incluído pela Lei nº 13.853, de 2019)

XXII - comunicar aos órgãos de controle interno o descumprimento do disposto nesta Lei por órgãos e entidades da administração pública federal; (Incluído pela Lei nº 13.853, de 2019)

XXIII - articular-se com as autoridades reguladoras públicas para exercer suas competências em setores específicos de atividades econômicas e governamentais sujeitas à regulação; e (Incluído pela Lei nº 13.853, de 2019)

XXIV - implementar mecanismos simplificados, inclusive por meio eletrônico, para o registro de reclamações sobre o tratamento de dados pessoais em desconformidade com esta Lei. (Incluído pela Lei nº 13.853, de 2019)

§ 1º Ao impor condicionantes administrativas ao tratamento de dados pessoais por agente de tratamento privado, sejam eles limites, encargos ou sujeições, a ANPD deve observar a exigência de mínima intervenção, assegurados os fundamentos, os princípios e os direitos dos titulares previstos no art. 170 da Constituição Federal e nesta Lei. (Incluído pela Lei nº 13.853, de 2019)

§ 2º Os regulamentos e as normas editados pela ANPD devem ser precedidos de consulta e audiência públicas, bem como de análises de impacto regulatório. (Incluído pela Lei nº 13.853, de 2019)

§ 3º A ANPD e os órgãos e entidades públicos responsáveis pela regulação de setores específicos da atividade econômica e governamental devem coordenar suas atividades, nas correspondentes esferas de atuação, com vistas a assegurar o cumprimento de suas atribuições com a maior eficiência e promover o adequado funcionamento dos setores regulados, conforme legislação específica, e o tratamento de dados pessoais, na forma desta Lei. (Incluído pela Lei nº 13.853, de 2019)

§ 4º A ANPD manterá fórum permanente de comunicação, inclusive por meio de cooperação técnica, com órgãos e entidades da administração pública responsáveis pela regulação de setores específicos da atividade econômica e governamental, a fim de facilitar as competências regulatória, fiscalizatória e punitiva da ANPD. (Incluído pela Lei nº 13.853, de 2019)

§ 5º No exercício das competências de que trata o caput deste artigo, a autoridade competente deverá zelar pela preservação do segredo empresarial e do sigilo das informações, nos termos da lei. (Incluído pela Lei nº 13.853, de 2019)

§ 6º As reclamações colhidas conforme o disposto no inciso V do caput deste artigo poderão ser analisadas de forma agregada, e as eventuais providências delas decorrentes poderão ser adotadas de forma padronizada. (Incluído pela Lei nº 13.853, de 2019)

O dispositivo estabelece as competências da ANPD, isto é, as suas atribuições enquanto órgão responsável pela regulação da proteção de dados pessoais no país. Segundo José Afonso da Silva[77], competência consiste na esfera delimitada de poder que se outorga a um órgão ou entidade estatal, mediante a especificação de matérias sobre as quais se exerce o poder de governo. Em suma, o artigo em análise enumera as atividades a serem desempenhadas pela autoridade nacional, em atenção ao princípio da legalidade.

Para fins de análise da matéria, as competências serão organizadas segundo a natureza das funções exercidas pela autoridade nacional, e classificadas em *gerais, normativas, fiscalizatórias, de desenvolvimento* e *administrativas.*

São consideradas *competências gerais,* isto é, que permeiam toda a atividade da autoridade nacional em suas diversas ações: zelar pela proteção dos dados pessoais, nos termos da legislação (art. 55-J, I) e zelar pela observância dos segredos comercial e industrial, observada a proteção de dados pessoais e do sigilo das informações quando protegido por lei ou quando a quebra do sigilo violar os fundamentos do art. 2º desta Lei (art. 55-J, II).

São consideradas *competências normativas,* relacionadas à instituição unilateral de obrigações de caráter geral: elaborar diretrizes para a Política Nacional de Proteção de Dados Pessoais e da Privacidade (art. 55-J, III); dispor sobre as formas de publicidade das operações de tratamento de dados pessoais, respeitados os segredos comercial e industrial (art. 55-J, X); editar regulamentos e procedimentos sobre proteção de dados pessoais e privacidade, bem como sobre relatórios de impacto à proteção de dados pessoais para os casos em que o tratamento representar alto risco à garantia dos princípios gerais de proteção de dados pessoais previstos nesta Lei (art. 55-J, XIII); editar normas, orientações e procedimentos simplificados e diferenciados, inclusive quanto aos prazos, para que microempresas e empresas de pequeno porte, bem como iniciativas empresariais de caráter incremental ou disruptivo que se autodeclarem *startups* ou empresas de inovação, possam adequar-se a esta Lei (art. 55-J, XVIII); garantir que o tratamento de dados de idosos seja efetuado de maneira simples, clara, acessível e adequada ao seu entendimento, nos termos desta Lei e da Lei nº 10.741, de 1º de outubro de 2003 (Estatuto do Idoso) (art. 55-J, XIX); e deliberar, na esfera administrativa, em caráter terminativo, sobre a interpretação desta Lei, as suas competências e os casos omissos (art. 55-J, XX).

São consideradas *competências fiscalizatórias*, relacionadas à identificação de irregularidades e aplicação de sanções: fiscalizar e aplicar sanções em caso de tratamento de dados realizado em descumprimento à legislação, mediante processo administrativo que assegure o contraditório, a ampla defesa e o direito de recurso (art. 55-J, IV); apreciar petições de titular contra controlador após comprovada pelo titular a apresentação de reclamação ao controlador não solucionada no prazo estabelecido em regulamentação (art. 55-J, V); solicitar, a qualquer momento, às entidades do Poder Público que realizem operações de tratamento de dados pessoais informe específico sobre o âmbito, a natureza dos dados e os demais detalhes do tratamento realizado, com a possibilidade de emitir parecer técnico complementar para garantir o cumprimento desta Lei (art. 55-J, XI); realizar auditorias, ou determinar sua realização, no âmbito da atividade de fiscalização de que trata o inciso IV e com a devida observância do disposto no inciso II do *caput* deste artigo, sobre o tratamento de dados pessoais efetuado pelos agentes de tratamento, incluído o Poder Público (art. 55-J, XVI); celebrar, a qualquer momento, compromisso com agentes de tratamento para eliminar irregularidade, incerteza jurídica ou situação contenciosa no âmbito de processos administrativos, de acordo com o previsto no Decreto-Lei nº 4.657, de 4 de setembro de 1942 (art. 55-J, XVII); comunicar às autoridades competentes as infrações penais das quais tiver conhecimento (art. 55-J, XXI); comunicar aos órgãos de controle interno o descumprimento do disposto nesta Lei por órgãos e entidades da Administração Pública Federal (art. 55-J, XXII); implementar mecanismos simplificados, inclusive por meio eletrônico, para o registro de reclamações sobre o tratamento de dados pessoais em desconformidade com esta Lei (art. 55-J, XXIV).

São consideradas *competências de desenvolvimento*, relacionadas à articulação institucional e promoção da defesa dos direitos do titular: promover na população o conhecimento das normas e das políticas públicas sobre proteção de dados pessoais e das medidas de segurança (art. 55-J, VI); promover e elaborar estudos sobre as práticas nacionais e internacionais de proteção de dados pessoais e privacidade (art. 55-J, VII); estimular a adoção de padrões para serviços e produtos que facilitem o exercício de controle dos titulares sobre seus dados pessoais, os quais deverão levar em consideração as especificidades das atividades e o porte dos responsáveis (art. 55-J, VIII); promover ações de cooperação com autoridades de proteção de dados pessoais de outros países, de natureza internacional ou transnacional (art. 55-J, IX); e articular-se com as autoridades reguladoras públicas para exercer suas competências em setores específicos de atividades econômicas e governamentais sujeitas à regulação (art. 55-J, XXIII).

São consideradas *competências administrativas*, relacionadas à gestão da autoridade nacional: elaborar relatórios de gestão anuais acerca de suas atividades (art. 55-J, XII); ouvir os agentes de tratamento e a sociedade em matérias de interesse relevante e prestar contas sobre suas atividades e planejamento (art. 55-J, XIV); e arrecadar e aplicar suas receitas e publicar, no relatório de gestão a que se refere o inciso XII do *caput* deste artigo, o detalhamento de suas receitas e despesas (art. 55-J, XV).

◆ ◆ ◆

Art. 55-K. A aplicação das sanções previstas nesta Lei compete exclusivamente à ANPD, e suas competências prevalecerão, no que se refere à proteção de dados pessoais, sobre as competências correlatas de outras entidades ou órgãos da administração pública. (Incluído pela Lei nº 13.853, de 2019)

Parágrafo único. A ANPD articulará sua atuação com outros órgãos e entidades com competências sancionatórias e normativas afetas ao tema de proteção de dados pessoais e será o órgão central de interpretação desta Lei e do estabelecimento de normas e diretrizes para a sua implementação. (Incluído pela Lei nº 13.853, de 2019)

A proteção de dados, por vezes, estará relacionada a atividade econômica objeto de fiscalização por outros órgãos regulatórios, como o Conselho Administrativo de Defesa Econômica, o Banco Central do Brasil, e as agências reguladoras setoriais. Assim, visando a eliminar eventuais dúvidas a respeito da condução do processo administrativo sancionador instaurado em face de conduta ofensiva à proteção de dados, o artigo esclarece que compete à ANPD a aplicação de sanções previstas na LGPD.

De todo modo, é necessário que haja cooperação e articulação dos órgãos públicos no combate das práticas lesivas à ordem econômica e frente às dificuldades enfrentadas para instrução de processos desta natureza. Nesse contexto, a atuação articulada entre a ANPD e demais órgãos fiscalizatórios proporciona maior efetividade para o alcance da proteção de dados quando da sua utilização abusiva por parte de agentes econômicos. Por essas razões, o artigo em análise subsidia a celebração de acordos de cooperação técnica entre a autoridade nacional e demais órgãos públicos, para viabilizar ações a serem adotadas pelas partes, de forma conjunta e coordenada, quando da ocorrência de situações que interseccionam esferas de competências.

◆ ◆ ◆

Art. 55-L. Constituem receitas da ANPD: (Incluído pela Lei nº 13.853, de 2019)

I - as dotações, consignadas no orçamento geral da União, os crédi-

tos especiais, os créditos adicionais, as transferências e os repasses que lhe forem conferidos; (Incluído pela Lei nº 13.853, de 2019)

II - as doações, os legados, as subvenções e outros recursos que lhe forem destinados; (Incluído pela Lei nº 13.853, de 2019)

III - os valores apurados na venda ou aluguel de bens móveis e imóveis de sua propriedade; (Incluído pela Lei nº 13.853, de 2019)

IV - os valores apurados em aplicações no mercado financeiro das receitas previstas neste artigo; (Incluído pela Lei nº 13.853, de 2019)

V - (VETADO); (Incluído pela Lei nº 13.853, de 2019)

VI - os recursos provenientes de acordos, convênios ou contratos celebrados com entidades, organismos ou empresas, públicos ou privados, nacionais ou internacionais; (Incluído pela Lei nº 13.853, de 2019)

VII - o produto da venda de publicações, material técnico, dados e informações, inclusive para fins de licitação pública. (Incluído pela Lei nº 13.853, de 2019)

Como órgão integrante da Administração Pública, a ANPD submete-se às normas de direito financeiro, de modo que as receitas e despesas relacionadas à sua atividade devem integrar a Lei de Orçamento. Nesse sentido, a realização de suas despesas públicas depende de correspondente dotação orçamentária, ou seja, de previsão de valores suficientes para sua execução. Tais valores figuram como receita da ANPD. Como diz o brocardo: *"quem dá os fins, dá os meios"* e é precisamente a inteligência desse artigo, a viabilização das atividades da ANPD, através das receitas ora descritas.

Diante da necessidade de realização de despesas orçamentárias não computadas ou insuficientemente dotadas na Lei de Orçamento, surge a necessidade de abertura de créditos adicionais. Em síntese, os créditos adicionais modificam o orçamento, suprindo a necessidade de recursos orçamentários para a realização de despesas. Conforme o art. 41 da Lei nº 4.320/1964, os créditos adicionais classificam-se em: a) suplementares, os destinados a reforço de dotação orçamentária; b) especiais, os destinados a despesas para as quais não haja dotação orçamentária específica; c) extraordinários, os destinados a despesas urgentes e imprevistas, em caso de guerra, comoção intestina ou calamidade pública. Assim, é possível que determinada despesa a ser realizada no exercício da competência da ANPD passe a ser possível após a abertura de créditos adicionais, que passam a compor sua receita. Em relação às transferências e repasses, constituem instrumentos para transferência de recursos entre entes da Administração Pública. Esta modalidade de receita ganhará importância ao passo em que a ANPD passar a compor a Administração Pública Indireta, sendo possível a transferência financeira de recursos provenientes da União.

Por sua vez, as doações são definidas por Marcus Abraham[78] como receitas públicas proveniente de contrato privado em que uma pessoa (particular), por sua mera liberalidade, transfere do seu patrimônio bens ou vantagens para o de outra (Estado), na forma do que dispõe o art. 538 e seguintes do Código Civil. Assim, caso algum particular promova doações à ANPD, os bens ou vantagens configurarão receita do órgão. O mesmo ocorre em relação aos legados (testamentos em favor da Administração Pública), subvenções (transferências destinadas a cobrir despesas de custeio) de outros recursos que lhe forem destinados.

Os valores apurados na venda ou aluguel de bens móveis e imóveis de sua propriedade, tal como os valores apurados em aplicações no mercado financeiro das receitas, constituem receita patrimonial.

Os acordos, convênios ou contratos referem-se a instrumentos jurídicos em que são celebradas parcerias ou disciplinadas relações jurídicas, que podem envolver ou não a transferência de recursos. Apenas a título de ilustração, cabe destacar o conceito de convênios estabelecido pelo Tribunal do Contas da União[79], segundo o qual:

Convênio é todo e qualquer instrumento formal que

discipline a transferência de recursos financeiros dos orçamentos da União para um órgão ou entidade da administração pública estadual, distrital ou municipal, direta ou indireta, ou ainda entidade filantrópica sem fins lucrativos na área da saúde (§1º do art. 199 da CF/1988). Sua finalidade é a execução de programa de governo envolvendo a realização de projeto, atividade, serviço, aquisição de bens ou evento de interesse recíproco, em regime de mútua cooperação.

Importante sobrelevar o caráter subjetivo dos instrumentos ora citados no dispositivo. Como se trata de um artigo em que são indicadas as fontes de recursos para a ANPD, ou conforme dicção legal, as receitas da ANPD, faz-se relevante ampliar as possibilidades de financiamento das suas atividades. Então, sublinhe-se a pluralidade de órgãos e entidades públicas ou privadas, nacionais ou internacionais, prevista pelo legislador, com as quais é possível a celebração de instrumento jurídico.

Finalmente, o produto da venda de publicações, material técnico, dados e informações se classificam como receitas de atividade econômica e empresarial, pois decorrem da prestação de serviços por parte do ente público.

❖ ❖ ❖

Art. 56. (VETADO).

Constou na proposição aprovada pelo Congresso Nacional o art. 56, assim redigido:

Art. 56. A ANPD terá as seguintes atribuições:

I - zelar pela proteção dos dados pessoais, nos termos da legislação;

II - zelar pela observância dos segredos comercial e industrial em ponderação com a proteção de dados pessoais e do sigilo das informações quando protegido por lei ou quando a quebra do sigilo violar os fundamentos do art. 2º desta Lei;

III - elaborar diretrizes para Política Nacional de Proteção de Dados Pessoais e da Privacidade;

IV - fiscalizar e aplicar sanções em caso de tratamento de dados realizado em descumprimento à legislação, mediante processo administrativo que assegure o contraditório, a ampla defesa e o direito de recurso;

V - atender petições de titular contra controlador;

VI - promover na população o conhecimento das normas e das políticas públicas sobre proteção de dados pessoais e das medidas de segurança;

VII - promover estudos sobre as práticas nacionais e internacionais de proteção de dados pessoais e privacidade;

VIII - estimular a adoção de padrões para serviços e produtos que facilitem o exercício de controle dos titulares sobre seus dados pessoais, que deverão levar em consideração as especificidades das atividades e o porte dos responsáveis;

IX - promover ações de cooperação com autoridades de proteção de dados pessoais de outros países, de natureza internacional ou transnacional;

X - dispor sobre as formas de publicidade das operações de tratamento de dados pessoais, observado o respeito aos segredos comercial e industrial;

XI - solicitar, a qualquer momento, às entidades do Poder Público que realizem operações de tratamento de dados pessoais, informe específico sobre o âmbito e a natureza dos dados e os demais detalhes do tratamento realizado, podendo emitir parecer técnico complementar para garantir o cumprimento desta Lei;

XII - elaborar relatórios de gestão anuais acerca de suas atividades;

XIII - editar regulamentos e procedimentos sobre proteção de dados pessoais e privacidade, assim como sobre relatórios de impacto à proteção de dados pessoais para os casos em que o tratamento representar alto risco para a garantia dos princípios gerais de proteção de dados pessoais previstos nesta Lei;

XIV - ouvir os agentes de tratamento e a sociedade em matérias de interesse relevante, assim como prestar contas sobre suas atividades e planejamento;

XV - arrecadar e aplicar suas receitas e publicar, no relatório de gestão a que se refere o inciso XII do caput deste artigo, o detalhamento de suas receitas e despesas; e

XVI - realizar ou determinar a realização de auditorias, no âmbito da atividade de fiscalização, sobre o tratamento de dados pessoais efetuado pelos agentes de tratamento, incluindo o Poder Público.

§ 1º Ao impor condicionamentos administrativos ao tratamento de dados pessoais por agente de tratamento privado, sejam eles limites, encargos ou sujeições, a ANPD deve observar a exigência de mínima intervenção, assegurados os fundamentos, os princípios e os direitos dos titulares previstos no art. 170 da Constituição Federal e nesta Lei.

§ 2º Os regulamentos e normas editados pela ANPD devem necessariamente ser precedidos de consulta e audiência públicas, bem como de análises de impacto regulatório.

Entretanto, o dispositivo incorreu em inconstitucionalidade ao criar a Autoridade Nacional de Proteção de Dados (ANPD), integrante da Administração Pública Federal Indireta, submetida a regime autárquico especial e vinculada ao Ministério da Justiça. Por se tratar de disposições a respeito de criação de órgão da Administração Pública, a iniciativa é privativa do Presidente da República, nos termos do art. 61, § 1º, II, "e", cumulado com o art. 37, XIX, da Constituição. Dessa forma, o dispositivo foi vetado.

◆ ◆ ◆

Art. 57. (VETADO).

Constou na proposição aprovada pelo Congresso Nacional o art. 57, assim redigido:

> *Art. 57. Constituem receitas da ANPD:*
>
> *I - o produto da execução da sua dívida ativa;*
>
> *II - as dotações consignadas no orçamento geral da União, os créditos especiais, os créditos adicionais, as transferências e os repasses que lhe forem conferidos;*
>
> *III - as doações, os legados, as subvenções e outros recursos que lhe forem destinados;*
>
> *IV - os valores apurados na venda ou aluguel de bens móveis e imóveis de sua propriedade;*
>
> *V - os valores apurados em aplicações no mercado financeiro das receitas previstas neste artigo;*
>
> *VI - o produto da cobrança de emolumentos por serviços prestados;*
>
> *VII - os recursos provenientes de acordos, convênios ou contratos celebrados com entidades, organismos ou empresas, públicos ou privados, nacionais ou internacionais;*
>
> *VIII - o produto da venda de publicações, material técnico, dados e informações, inclusive para fins de*

licitação pública."

Ocorre que o dispositivo incorreu em inconstitucionalidade ao criar a Autoridade Nacional de Proteção de Dados (ANPD), integrante da Administração Pública Federal Indireta, submetida a regime autárquico especial e vinculada ao Ministério da Justiça. Por se tratar de disposições a respeito de criação de órgão da Administração Pública, a iniciativa é privativa do Presidente da República, nos termos do art. 61, § 1º, II, "e", cumulado com o art. 37, XIX, da Constituição. Dessa forma, o dispositivo foi vetado.

Seção II
Do Conselho Nacional de Proteção de Dados Pessoais
e da Privacidade

Art. 58. (VETADO).

Constou na proposição aprovada pelo Congresso Nacional o art. 58, assim redigido:

> *Art. 58. O Conselho Nacional de Proteção de Dados Pessoais e da Privacidade será composto por 23 (vinte e três) representantes titulares, e seus suplentes, dos seguintes órgãos:*
>
> *I - 6 (seis) representantes do Poder Executivo federal;*
>
> *II - 1 (um) representante indicado pelo Senado Federal;*
>
> *III - 1 (um) representante indicado pela Câmara dos Deputados;*
>
> *IV - 1 (um) representante indicado pelo Conselho Nacional de Justiça;*
>
> *V - 1 (um) representante indicado pelo Conselho Nacional do Ministério Público;*

VI - 1 (um) representante indicado pelo Comitê Gestor da Internet no Brasil;

VII - 4 (quatro) representantes da sociedade civil com atuação comprovada em proteção de dados pessoais;

VIII - 4 (quatro) representantes de instituição científica, tecnológica e de inovação; e

IX - 4 (quatro) representantes de entidade representativa do setor empresarial afeto à área de tratamento de dados pessoais.

§ 1º Os representantes serão designados por ato do Presidente da República, permitida a delegação, e terão mandato de 2 (dois) anos, permitida 1 (uma) recondução.

§ 2º A participação no Conselho Nacional de Proteção de Dados Pessoais e da Privacidade será considerada atividade de relevante interesse público, não remunerada.

§ 3º Os representantes referidos nos incisos I a VI do caput deste artigo e seus suplentes serão indicados pelos titulares dos respectivos órgãos e entidades.

§ 4º Os representantes referidos nos incisos VII, VIII e IX do caput deste artigo e seus suplentes serão indicados na forma de regulamento e não poderão ser membros da entidade mencionada no inciso VI do caput deste artigo.

Todavia, o dispositivo incorreu em inconstitucionalidade ao criar o Conselho Nacional de Proteção de Dados Pessoais e da Privacidade. Por se tratar de disposições a respeito de criação de órgão da Administração Pública, a iniciativa é privativa do Presidente da República, nos termos do art. 61, § 1º, II, "e", cumulado com o art. 37, XIX, da Constituição. Dessa forma, o dispositivo foi vetado.

◆ ◆ ◆

Art. 58-A. O Conselho Nacional de Proteção de Dados Pessoais e da Privacidade será composto de 23 (vinte e três) representantes, titulares e suplentes, dos seguintes órgãos: (Incluído pela Lei nº 13.853, de 2019)

I - 5 (cinco) do Poder Executivo federal; (Incluído pela Lei nº 13.853, de 2019)

II - 1 (um) do Senado Federal; (Incluído pela Lei nº 13.853, de 2019)

III - 1 (um) da Câmara dos Deputados; (Incluído pela Lei nº 13.853, de 2019)

IV - 1 (um) do Conselho Nacional de Justiça; (Incluído pela Lei nº 13.853, de 2019)

V - 1 (um) do Conselho Nacional do Ministério Público; (Incluído pela Lei nº 13.853, de 2019)

VI - 1 (um) do Comitê Gestor da Internet no Brasil; (Incluído pela Lei nº 13.853, de 2019)

VII - 3 (três) de entidades da sociedade civil com atuação relacionada a proteção de dados pessoais; (Incluído pela Lei nº 13.853, de 2019)

VIII - 3 (três) de instituições científicas, tecnológicas e de inovação; (Incluído pela Lei nº 13.853, de 2019)

IX - 3 (três) de confederações sindicais representativas das categorias econômicas do setor produtivo; (Incluído pela Lei nº 13.853, de 2019)

X - 2 (dois) de entidades representativas do setor empresarial relacionado à área de tratamento de dados pessoais; e (Incluído pela Lei nº 13.853, de 2019)

XI - 2 (dois) de entidades representativas do setor laboral. (Incluído pela Lei nº 13.853, de 2019)

§ 1º Os representantes serão designados por ato do Presidente da República, permitida a delegação. (Incluído pela Lei nº 13.853, de 2019)

§ 2º Os representantes de que tratam os incisos I, II, III, IV, V e VI do caput deste artigo e seus suplentes serão indicados pelos titulares dos respectivos órgãos e entidades da administração pública. (Incluído pela Lei nº 13.853, de 2019)

§ 3º Os representantes de que tratam os incisos VII, VIII, IX, X e XI do caput deste artigo e seus suplentes: (Incluído pela Lei nº 13.853, de 2019)

I - serão indicados na forma de regulamento; (Incluído pela Lei nº 13.853, de 2019)

II - não poderão ser membros do Comitê Gestor da Internet no Brasil; (Incluído pela Lei nº 13.853, de 2019)

III - terão mandato de 2 (dois) anos, permitida 1 (uma) recondução. (Incluído pela Lei nº 13.853, de 2019)

§ 4º A participação no Conselho Nacional de Proteção de Dados Pessoais e da Privacidade será considerada prestação de serviço público relevante, não remunerada. (Incluído pela Lei nº 13.853, de 2019)

Em contraste com o caráter técnico das decisões da ANPD, o Conselho Nacional de Proteção de Dados Pessoais e da Privacidade (CNPD) é o órgão colegiado competente para discutir as diretrizes estratégicas do setor, isto é, estabelecer decisões políticas a serem observadas pela autoridade nacional. Para tanto, o CNPD é composto de representantes de diversos setores da sociedade, designados por ato do Presidente da República, permitindo o pluralismo político e uma maior amplitude das discussões. Vale lembrar que os membros do Conselho Diretor da ANPD não são democraticamente eleitos, mas escolhidos pelo Presidente da República e por ele nomeados, após aprovação pelo Senado Federal. Não possuem, portanto, legitimidade para a definição de políticas públicas para proteção de dados, mas tão somente para a sua execução. Nesse sentido, por se tratar de um ambiente político para o desenvolvimento da política setorial, o CNPD pode contribuir para a redução do *deficit* democrático do modelo regulatório da ANPD.

Todavia, como será verificado no art. 58-B, a redação da

norma sugere um desvio do regime democrático na definição de políticas públicas, ao estabelece um fluxo inverso, em que o CNPD fornece subsídios para a elaboração da política setorial, cujas diretrizes são definidas pela ANPD, nos termos do art. 55-J, III. A situação se agrava diante da perspectiva deste órgão regulador passar a integrar a Administração Pública Indireta, com personalidade jurídica própria. A atribuição de competência para definição de políticas públicas a pessoa jurídica sem representatividade popular seria flagrantemente inconstitucional e incompatível com o regime democrático de direito.

A composição do CNPD é estabelecida no artigo em análise, de modo que órgãos e entidades da Administração Pública indicarão seus representantes. Em relação aos representantes de demais setores da sociedade, a Lei indica que sua indicação se dará na forma de regulamento. Nesse contexto, o Decreto nº 10.474/2020 estabeleceu que as entidades de que tratam os incisos VII, VIII, IX, X e XI indicarão seus representantes ao Conselho Diretor da ANPD, que formará lista tríplice de titulares e suplentes, a ser encaminhada ao Ministro de Estado Chefe da Casa Civil da Presidência da República para nomeação pelo Presidente da República. Ora, a elaboração da lista tríplice pela própria ANPD, órgão dirigido por não eleitos, constitui mais um agravamento do *deficit* democrático do modelo regulatório. A escolha dos indicados por critérios próprios faz com que o órgão regulador influencie no debate político, optando por aqueles indivíduos cujos posicionamentos são mais interessantes para a instituição, com potencial prejuízo ao pluralismo de ideias.

◆ ◆ ◆

Art. 58-B. Compete ao Conselho Nacional de Proteção de Dados Pessoais e da Privacidade: (Incluído pela Lei nº 13.853, de 2019)

I - propor diretrizes estratégicas e fornecer subsídios para a elaboração da Política Nacional de Proteção de Dados Pessoais e da Privacidade e para a atuação da ANPD; (Incluído pela Lei nº 13.853, de 2019)

II - elaborar relatórios anuais de avaliação da execução das ações da Política Nacional de Proteção de Dados Pessoais e da Privacidade; (Incluído pela Lei nº 13.853, de 2019)

III - sugerir ações a serem realizadas pela ANPD; (Incluído pela Lei nº 13.853, de 2019)

IV - elaborar estudos e realizar debates e audiências públicas sobre a proteção de dados pessoais e da privacidade; e (Incluído pela Lei nº 13.853, de 2019)

V - disseminar o conhecimento sobre a proteção de dados pessoais e da privacidade à população. (Incluído pela Lei nº 13.853, de 2019)

A norma estabelece que o CNPD é competente para propor diretrizes estratégicas e fornecer subsídios para a elaboração das políticas públicas setoriais. Como discutido no artigo anterior, trata-se de ofensa ao regime democrático, pois a definição de políticas públicas deveria ocorrer no âmbito no próprio CNPD, por ser a instância com maior representatividade social.

O órgão deve também avaliar a execução das políticas públicas através de relatórios anuais. Vale destacar que atuação do Conselho Diretor da ANPD contrária à execução das políticas públicas justifica instauração de processo administrativo, que decidirá quanto à perda do cargo do dirigente.

É também autorizado ao CNPD sugerir ações a serem realizadas pela autoridade nacional, a quem caberá a avaliação da pertinência técnica das propostas.

A norma prevê ainda a atuação da entidade na elaboração de estudos, bem como na condução de debates e audiências públicas. Uma vez que o debate político é o elemento nuclear da sua atividade, há a expectativa de que as decisões sejam norteadas pela pluralidade de ideias, sobretudo através da maior participação popular possível.

Finalmente, compete ao CNPD disseminar o conhecimento sobre proteção de dados.

❖ ❖ ❖

Art. 59. (VETADO).

Constou na proposição aprovada pelo Congresso Nacional o art. 59, assim redigido:

> *Art. 59. Compete ao Conselho Nacional de Proteção de Dados Pessoais e da Privacidade:*
>
> *I - propor diretrizes estratégicas e fornecer subsídios para a elaboração da Política Nacional de Proteção de Dados Pessoais e da Privacidade e para a atuação da ANPD;*
>
> *II - elaborar relatórios anuais de avaliação da execução das ações da Política Nacional de Proteção de Dados Pessoais e da Privacidade;*
>
> *III - sugerir ações a serem realizadas pela ANPD;*
>
> *IV - realizar estudos e debates sobre a proteção de dados pessoais e da privacidade; e*
>
> *V - disseminar o conhecimento sobre proteção de dados pessoais e da privacidade à população em geral."*

Ocorre que o dispositivo incorreu em inconstitucionalidade ao criar o Conselho Nacional de Proteção de Dados Pessoais e da Privacidade. Por se tratar de disposições a respeito de criação de órgão da Administração Pública, a iniciativa é privativa do Presidente da República, nos termos do art. 61, § 1º, II, "e", cumulado com o art. 37, XIX, da Constituição. Dessa forma, o dispositivo foi vetado.

CAPÍTULO X –
DISPOSIÇÕES FINAIS
E TRANSITÓRIAS
(ARTS. 60 A 65)

Art. 60. A Lei nº 12.965, de 23 de abril de 2014 (Marco Civil da Internet), passa a vigorar com as seguintes alterações:

"Art. 7º ....

...

X - exclusão definitiva dos dados pessoais que tiver fornecido a determinada aplicação de internet, a seu requerimento, ao término da relação entre as partes, ressalvadas as hipóteses de guarda obrigatória de registros previstas nesta Lei e na que dispõe sobre a proteção de dados pessoais;

.." (NR)

"Art. 16. ....

...

II - de dados pessoais que sejam excessivos em relação à finalidade para a qual foi dado consentimento pelo seu titular, exceto nas hipóteses previstas na Lei que dispõe sobre a proteção de dados pessoais." (NR)

O preceito altera o Marco Civil da Internet, tratando da proteção aos dados pessoais dos usuários. A redação original do art. 7º, X, já assegurava aos usuários o direito de requisição de exclusão dos dados pessoais que tiver fornecido à determinada aplicação da internet, ressalvadas as hipóteses de guarda obrigatória de registros previstas naquela Lei. É o caso de pedido de exclusão de perfil em páginas eletrônicas. Com a alteração, os dados poderão ser mantidos se assim for determinado pela LGPD.

Em seguida, a alteração autoriza a guarda de dados pessoais que sejam excessivos em relação à finalidade para a qual foi dado consentimento pelo seu titular, desde que seja configurada outra hipótese de tratamento de dados prevista na LGPD.

◆ ◆ ◆

Art. 61. A empresa estrangeira será notificada e intimada de todos os atos processuais previstos nesta Lei, independentemente de procuração ou de disposição contratual ou estatutária, na pessoa do agente ou representante ou pessoa responsável por sua filial, agência, sucursal, estabelecimento ou escritório instalado no Brasil.

Conforme o art. 169 do Código de Processo Civil, intimação é o ato pelo qual se dá ciência a alguém dos atos e dos termos do processo. Nos casos em que empresa estrangeira seja parte, a intimação ocorrerá na pessoa do agente ou representante ou pessoa responsável por sua filial, agência, sucursal, estabelecimento ou escritório instalado no Brasil. Vale destacar que o Decreto nº 9.734/2019 promulgou Convenção da Haia sobre citação e intimação no exterior, que deverá ser observada para que os documentos judiciais e extrajudiciais que devam ser objetos de citação, intimação ou notificação no estrangeiro sejam levados ao conhecimento do destinatário em tempo hábil.

◆ ◆ ◆

Art. 62. A autoridade nacional e o Instituto Nacional de Estudos e Pesquisas Educacionais Anísio Teixeira (Inep), no âmbito de suas competências, editarão regulamentos específicos para o acesso a dados tratados pela União para o cumprimento do disposto no § 2º do art. 9º da Lei nº 9.394, de 20 de dezembro de 1996 (Lei de Diretrizes e Bases da Educação Nacional), e aos referentes ao Sistema Nacional de Avaliação da Educação Superior (Sinaes), de que trata a Lei nº 10.861, de 14 de abril de 2004 .

A Lei nº 9.394/1996 estabelece as diretrizes e bases da educação nacional. O art. 9º estabelece que incumbe à União, entre outras atividades, coletar, analisar e disseminar informações sobre a educação; assegurar o processo nacional de avaliação do rendimento escolar no ensino fundamental, médio e superior, em colaboração com os Sistemas de Ensino, objetivando a definição de prioridades e a melhoria da qualidade do ensino; baixar normas gerais sobre cursos de graduação e pós-graduação; assegurar processo nacional de avaliação das instituições de educação superior, com a cooperação dos sistemas que tiverem responsabilidade sobre este nível de ensino; autorizar, reconhecer, credenciar, supervisionar e avaliar, respectivamente, os cursos das instituições de educação superior e os estabelecimentos do seu sistema de ensino.

Em relação à Lei nº 10.861/2004, esta institui o Sistema Nacional de Avaliação da Educação Superior (SINAES), com o objetivo de assegurar processo nacional de avaliação das instituições de educação superior, dos cursos de graduação e do desempenho acadêmico de seus estudantes.

O tema possui estreita relação com a proteção de dados pessoais, uma vez que as bases de dados educacionais podem envolver grande quantidade de informações de diversos atores do setor, como profissionais de educação, alunos e candidatos a vagas em instituições de ensino. Nesse contexto, o preceito em análise determina que a ANPD e o Instituto Nacional de Estudos e Pesquisas Educacionais Anísio Teixeira (Inep) regulamentem o acesso da União a estes dados pelos interessados.

◆ ◆ ◆

Art. 63. A autoridade nacional estabelecerá normas sobre a ad-

equação progressiva de bancos de dados constituídos até a data de entrada em vigor desta Lei, consideradas a complexidade das operações de tratamento e a natureza dos dados.

A inovação legislativa promovida pela LGPD acarretará grandes impactos nas atividades da Administração Pública e de particulares. É necessária uma verdadeira mudança cultural no tratamento de dados pessoais, o que envolve reflexão a respeito da real necessidade dos dados armazenados nas instituições, bem como da compatibilidade do tratamento com os direitos fundamentais dos titulares. Diante da complexidade da mudança, a norma estabeleceu a necessidade de um direito transitório, a ser desenvolvido no âmbito da atividade regulatória da autoridade nacional, de modo a permitir a adequação progressiva de bancos de dados legados.

◆ ◆ ◆

Art. 64. Os direitos e princípios expressos nesta Lei não excluem outros previstos no ordenamento jurídico pátrio relacionados à matéria ou nos tratados internacionais em que a República Federativa do Brasil seja parte.

O preceito posiciona a LGPD como norma integrante de um sistema nacional de proteção de dados pessoais, de modo que sua vigência não representa revogação tácita de normas que tratam do tema. Ao contrário, a Lei deverá ser analisada a partir de uma interpretação sistemática, que considerará, entre outras normas, a Lei de Introdução ao Direito Brasileiro, o Código de Defesa do Consumidor, a Lei de Acesso à Informação, o Código Penal e o Marco Civil da Internet.

◆ ◆ ◆

Art. 65. Esta Lei entra em vigor: (Redação dada pela Lei nº 13.853, de 2019)
I - dia 28 de dezembro de 2018, quanto aos arts. 55-A, 55-B, 55-C,

55-D, 55-E, 55-F, 55-G, 55-H, 55-I, 55-J, 55-K, 55-L, 58-A e 58-B; e (Incluído pela Lei nº 13.853, de 2019)

I-A – dia 1º de agosto de 2021, quanto aos arts. 52, 53 e 54; (Incluído pela Lei nº 14.010, de 2020)

II - 24 (vinte e quatro) meses após a data de sua publicação, quanto aos demais artigos. (Incluído pela Lei nº 13.853, de 2019)

A Lei estabeleceu diferentes datas para a entrada em vigência de seus artigos. A estratégia revelou-se apropriada, em virtude da complexidade da matéria, bem como da mudança cultural exigida para a sua efetiva observância. Na data de publicação desta obra, todos os artigos da LGPD já se encontravam em vigor.

REFERÊNCIAS

ABRAHAM, Marcus. **Curso de direito financeiro brasileiro**. 6. ed. Rio de Janeiro: Forense, 2021.

ALBUQUERQUE, Eduardo da Motta; SOUZA, Sara Gonçalves Antunes de; BAESSA, Adriano Ricardo. Pesquisa e inovação em saúde: uma discussão a partir da literatura sobre economia da tecnologia. **Ciência & Saúde Coletiva**, v. 9, p. 277-294, 2004.

ALEXY, Robert. **Colisão de direitos fundamentais e realização de direitos fundamentais no estado de direito democrático**. Revista da Faculdade de Direito, n. 17, 1999.

ARAGÃO, Alexandre Santos de. **Agências reguladoras e a evolução do direito administrativo e econômico**. 3. ed. Rio de Janeiro: Forense, 2013.

ARAGÃO, Alexandre Santos de. Considerações sobre as relações do Estado e do Direito na economia. **Revista Eletrônica de Direito do Estado (REDE)**, Salvador, Instituto Brasileiro de Direito Público, nº. 49, janeiro/fevereiro/março de 2017. Disponível em: <http://www.direitodoestado.com/revista/ REDE-49-MARCO-2017-ALEXANDRE-ARAGAO.pdf>. Acesso em: 26/05/2021, p. I-6

ARTICLE 29 WORKING PARTY. **Opinion 05/2014 on Anonymisation Techniques**. Disponível em: https://ec.europa.eu/justice/article-29/documentation/opinion-recommendation. Acesso em: 14/05/2021.

ARTICLE 29 WORKING PARTY. **Opinion 06/2014 on the notion of legitimate interests of the data controller under Article 7 of Directive 95/46/EC**. Disponível em: https://ec.europa.eu/justice/article-29/documentation/opinion-recommendation. Acesso em: 26/07/2021.

ARTICLE 29 WORKING PARTY. **Statement of the Article 29 Working Party on the Consequences of the Schrems Judgment**. Disponível em: https://ec.europa.eu/justice/article-29/press-material/press-release/index_en.htm. Acesso em: 24/06/2021.

AUTORIDADE NACIONAL DE PROTEÇÃO DE DADOS. **Guia Orientativo para Definições dos Agentes de Tratamento de Dados Pessoais e do Encarregado**. Brasília: ANPD, 2021. Disponível em: <https://www.gov.br/anpd/pt-br/assuntos/noticias/anpd-publica-guia-orientativo-sobre-agentes-de-tratamento-e-encarregado>. Acesso em: 02/06/2021.

BEZVERSHENKO, Leonid; GALOV, Dmitry; TUSHKANOV, Vladislav. **Dox, steal, reveal. Where does your personal data end up?** Kaspersky Lab, Moscou, 01 de dez. de 2020. Disponível em: <https://securelist.com/dox-steal-reveal/99577/>. Acesso em: 18/05/2021.

BIONI, Bruno Ricardo. **Compreendendo o conceito de anonimização e dado anonimizado. Cadernos Jurídicos–Direito digital e proteção de dados pessoais**. São Paulo: Escola Paulista de Magistratura, ano, v. 21, 2020.

BIONI, Bruno Ricardo. **Proteção de dados pessoais: a função e os limites do consentimento**. Gen, Editora Forense, 2019.

BIONI, Bruno Ricardo; DIAS, Daniel. **Responsabilidade civil na proteção de dados pessoais: construindo pontes entre a Lei Geral de Proteção de Dados Pessoais e o Código de Defesa do Consumidor**. civilistica. com, v. 9, n. 3, p. 1-23, 2020.

BIONI, Bruno Ricardo; MENDES, Laura Schertel. Regulamento europeu de proteção de dados pessoais e a lei geral brasileira de proteção de dados: mapeando divergências na direção de um nível de equivalência. In: TEPEDINO, Gustavo; FRAZÃO, Ana; OLIVA, Milena Donato (Coords.) **Lei geral de proteção de dados pessoais e suas repercussões no direito brasileiro**. São Paulo: Thomson Reuters Brasil, 2019. p. 797-819. cit. p. 807-808. ISBN 978855321663-5.

BOTELHO, Marcos César. A LGPD e a proteção ao tratamento de dados pessoais de crianças e adolescentes. **Revista Direitos Soci-**

ais e Políticas Públicas–Unifafibe, v. 8, n. 2, 2020.

BRANDÃO, C.; CAVALCANTI, F.; ADEODATO, J. M. **Princípio da Legalidade: da dogmática jurídica à teoria do direito**. Rio de Janeiro: Forense, 2009.

BRASIL. **Convênios e outros repasses** / Tribunal de Contas da União. – 6ª . ed. – Brasília : Secretaria-Geral de Controle Externo, 2016. Disponível em: <https://portal.tcu.gov.br/biblioteca-digital/convenios-e-outros-repasses-6-edicao-inclui-errata.htm>. Acesso em: 13/07/2021.

BRASIL. **Guia de boas práticas: Lei Geral de Proteção de Dados (LGPD), 2020**. Disponível em: <https://www.gov.br/governodigital/pt-br/governanca-de-dados/GuiaLGPD.pdf>. Acesso em: 01/06/2021.

BRASIL. **Guia de Elaboração de Inventário de Dados Pessoais**. V. 1.1. Brasília, 2021. Disponível em: <https://www.gov.br/governodigital/pt-br/governanca-de-dados/guias-operacionais-para-adequacao-a-lgpd>. Acesso em: 09/06/2021.

BRASIL. **Manual de Processo Administrativo Disciplinar**. Distrito Federal: Controladoria Geral da União, 2019. Disponível em: <https://repositorio.cgu.gov.br/handle/1/42052>. Acesso em: 29/06/2021.

BRASIL. **Protocolos de Intervenção para o SAMU 192 - Serviço de Atendimento Móvel de Urgência**. Brasília: Ministério da Saúde, 2016.

BRESSER-PEREIRA, L. C. et al. **Plano Diretor de Reforma do Aparelho do Estado**. Brasília, 1995.

CAVALCANTI, F. de Q. B. **Agências reguladoras no direito administrativo brasileiro**. Recife: [s.n.], 1999. Tese para obtenção da titularidade de Direito Administrativo na Faculdade de Direito do Recife, da UFPE.

CAVOUKIAN, Ann. **Privacy by Design. The 7 foundational principles: implementation and mapping of fair information practices.** Internet Architecture Board, 2011. Disponível em: https://iab.org/wp-content/IAB-uploads/2011/03/fred_carter.pdf. Acesso em: 15 jul. 2021, p. 2-5.

CICHONSKI, Paul et al. **Computer security incident handling guide**. NIST Special Publication, v. 800, n. 61, p. 1-147, 2012.

COUNCIL OF EUROPE. **Handbook on European data protection law**. Luxemburgo: Publications Office of the Europe Union, 2018. Disponível em: http://bit.ly/3OOT26d. Acesso em: 11 mai. 2021.

DI PIETRO, M. S. Z. **Direito regulatório. Temas polêmicos.**, Fórum, Belo Horizonte, 2004.

DONEDA, Danilo. **Da privacidade à proteção de dados pessoais**. Rio de Janeiro: Renovar, 2006.

ELMASRI, Ramez; NAVATHE, Shamkant B. **Sistemas de banco de dados**. São Paulo: Pearson Addison Wesley, 2005

FANTONELLI, Miliane et al. **Lei geral de proteção de dados e a interoperabilidade na saúde pública**. Journal of Health Informatics, v. 12, 2021.

FIGUEIREDO, Leonardo Vizeu. **Lições de Direito Econômico**. 5. ed. Rio de Janeiro: Forense, 2012.

FIGUEIREDO, M. **As Agências Reguladoras: O Estado Democrático de Direito no Brasil e sua Atividade Normativa**. São Paulo: Malheiros Editores, 2005.

FRANÇA, Vladimir da Rocha. **Vinculação e discricionariedade nos atos administrativos**. Revista de Direito Administrativo. Rio de Janeiro: Renovar, n. 222, p. 97-116, 2000.

FRAZÃO, Ana; OLIVA, Milena Donato; TEPEDINO, Gustavo. **Lei geral de proteção de dados pessoais e suas repercussões no direito brasileiro**. Thomson Reuters Brasil, 2019.

GUERRA, Sérgio. **Discricionariedade, regulação e reflexividade: uma nova teoria sobre as escolhas administrativas**. 4. ed. Belo Horizonte: Fórum, 2017.

GUERRA, Sérgio. **Separação de Poderes, Executivo Unitário e Estado Administrativo no Brasil**. Revista Estudos Institucionais, v. 3, n. 1, p. 123 – 152, 2017

HABERMAS, Jürgen. **Técnica e ciência como" ideologia"**. Lisboa: Edições 70, 2006.

JORDÃO, Eduardo; RIBEIRO, Maurício Portugal. Como desestruturar uma agência reguladora em passos simples. **REI-**

Revista Estudos Institucionais, v. 3, n. 1, p. 180-209, 2017.

KELSEN, Hans. **Teoria Geral do Direito e do Estado**. São Paulo: Martins Fontes, 2005.

KUNER, Christopher. **Reality and Illusion in EU Data Transfer Regulation Post Schrems**. Paper NO. 14/2016. University of Cambridge Faculty of Law Legal Studies, 2016.

LIMA, Taisa Maria Macena de; SÁ, Maria de Fátima Freire de. Inteligência artificial e Lei Geral de Proteção de Dados Pessoais: o direito à explicação nas decisões automatizadas. **Revista Brasileira de Direito Civil – RBDCivil**, Belo Horizonte, v. 26, p. 227-246, out./dez. 2020.

MACIEL, Rafael Fernandes. **Manual prático sobre a Lei Geral de Proteção de Dados Pessoais: Atualizado com a Medida Provisória nº 869/18**. Goiânia: RM Digital Education, 2019.

MELLO, Celso Antônio Bandeira de. **Curso de direito administrativo**. 28ª ed. São Paulo: Malheiros, 2011.

MENDES, Gilmar Ferreira; BRANCO, Paulo Gustavo Gonet. **Curso de direito constitucional**. 7. ed. rev. e atual. – São Paulo: Saraiva, 2012.

MENEZES, Joyceane Bezerra de; COLAÇO, Hian Silva. Quando a lei geral de proteção de dados não se aplica. TEPEDINO, Gustavo; FRAZÃO, Ana; OLIVA, Milena Donato (Coords.) **Lei geral de proteção de dados pessoais e suas repercussões no direito brasileiro**. São Paulo: Thomson Reuters Brasil, p. 157-197, 2019.

MORAIS, Heloisa Maria Mendonça de et al. Organizações Sociais da Saúde: uma expressão fenomênica da privatização da saúde no Brasil. **Cadernos de Saúde Pública**, v. 34, 2018.

MORAES, Camila Miranda de. **Processo judicial eletrônico na justiça do trabalho: implementação e possibilidades**. Processo Judicial Eletrônico, ano IX, n. 90, p. 64-76, 2020.

MORESI, Eduardo Amadeu Dutra. **Delineando o valor do sistema de informação de uma organização**. Ciência da informação, v. 29, n. 1, p. 14-24, 2000.

NOBRE JÚNIOR, Edilson Pereira. **As normas de direito público na Lei de Introdução ao Direito Brasileiro–Paradigmas para interpretação e aplicação do direito administrativo**. São Paulo:

Contracorrente, 2019.

NOBRE JÚNIOR, Edilson Pereira. Há uma discricionariedade técnica? **Revista do Programa de Pós-Graduação em Direito da UFBA**, v. 26, n. 28, 2016.

NUCCI, Guilherme de Souza. **Estatuto da Criança e do Adolescente Comentado**. rev., atual. e ampl. Rio de Janeiro: Forense, 2018.

PASUKANIS, Eugeny Bronislanovich. **Teoria geral do direito e marxismo**. Rio de Janeiro, Renovar, 1989.

PAULA, Felipe De; NAEGELE, Vitor Rabelo. **Há vício de iniciativa na criação da Autoridade Nacional de Proteção de Dados?** Disponível em: https://www.jota.info/tributos-e-empresas/regulacao/ha-vicio-de-iniciativa-na-criacao-da-autoridade-nacional-de-protecao-de-dados-26072018. Acesso em: 24/06/2021.

PINHEIRO, Patricia Peck. **Proteção de Dados Pessoais: Comentários à Lei n. 13.709/2018-LGPD**. Saraiva Educação SA, 2018.

REALE, Miguel. **Filosofia do direito**. Saraiva, 1969.

ROQUE, André. **A tutela coletiva dos dados pessoais na lei geral de proteção de dados pessoais (LGPD)**. Revista Eletrônica de Direito Processual, v. 20, n. 2, 2019.

SANTOS, Ernani Marques dos. **Desenvolvimento e implementação de padrões de interoperabilidade em governo eletrônico no Brasil**. 2008. Tese de Doutorado. Universidade de São Paulo.

SARLET, Ingo Wolfgang. **A eficácia dos direitos fundamentais: uma teoria geral dos direitos fundamentais na perspectiva constitucional**. 11. ed. Livraria do Advogado editora, 2012.

SILVA, José Afonso. **Curso de direito constitucional positivo**. 33. ed. São Paulo: Malheiros, 2010.

SOARES, Delfina de Sá; AMARAL, Luis. Reflections on the concept of interoperability in information systems. In **Proceedings of the 16th International Conference on Enterprise Information Systems**, Vol. 1. SCITEPRESS–Science and Technology Publications, p. 331–339, 2014.

SPIECKER, Indra. **O direito à proteção de dados na internet em caso de colisão**. Revista Brasileira de Direitos Fundamentais & Justiça, v. 12, n. 38, p. 17-33, 2018.

STALLINGS, William. **Criptografia e segurança de redes: princípios e práticas**. 6. ed. – São Paulo: Pearson Education do Brasil, 2015.

SUNDFELD, Carlos Ari. **Direito administrativo para céticos**. São Paulo: Malheiros, 2012.

VALENTIM, Marta Lígia Pomim; ANÇANELLO, Juliana Venancio. **Análise de conceitos sobre valor da informação no âmbito da Ciência da Informação**. Convergências em Ciência da Informação, v. 1, n. 1, p. 26-46, 2018.

VINEY, Geneviève. Les obligations. La responsabilité: conditions. In J. Ghestin (dir.), **Traité de droit civil**. Paris: LGDJ, 1982.

ANEXO I – MODELO DE RELATÓRIO DE IMPACTO À PROTEÇÃO DE DADOS PESSOAIS[80]

1. Identificação de agentes de tratamento e do encarregado

Controlador	*Identificação do controlador*
Operador	*Identificação do operador*
Encarregado	*Identificação do encarregado*
E-mail do Encarregado	*E-mail do encarregado*
Telefone do Encarregado	*Telefone do encarregado*

2. Necessidade de elaborar o relatório

3. Descrição do tratamento

a. Natureza do tratamento

Descrever sobre como a instituição pretende tratar ou trata o dado pessoal.

b. Escopo do tratamento

Descrever a abrangência do tratamento de dados.

c. Contexto do tratamento

Descrever fatores internos e externos que podem afetar as expectativas do titular dos dados pessoais ou o impacto sobre o tratamento dos dados.

d. Finalidade do tratamento

Descrever razão ou motivo pelo qual se deseja tratar os dados pessoais.

4. Partes interessadas consultadas

Descrever quais partes foram consultadas e o que cada parte consultada indicou como importante de ser observado para o tratamento dos dados pessoais.

5. Necessidade e proporcionalidade

Descrever como a instituição avalia a necessidade e proporcionalidade dos dados.

6. Identificação e avaliação dos riscos

ID	Risco referente ao tratamento de dados pessoais	Probabilidade	Impacto	Nível de risco (Probabilidade x Impacto)
1	*Denominação do risco.*	*Chance de algo acontecer, não importando se definida, medida ou determinada objetiva ou subjetiva-mente, qualita-tiva ou quan-titativamente; ou se descrita utilizando-se termos gerais ou matemáticos.*	*Resultado de um evento que afeta os objetivos.*	*Magnitude de um risco ou com-binação de riscos, expressa em termos da combinação das conse-quências e de suas probabili-dades.*
2				
3				

7. Medidas para tratar os riscos

ID do Risco	Medida(s)	Efeito sobre risco	Probabilidade do risco residual	Impacto do risco residual	Nível de risco residual (Probabilidade x Impacto)	Medida aprovada
1	*Descrição das medidas a serem implementadas.*	*Reduzir, Evitar, Compartilhar ou Aceitar.*	*Probabilidade do risco que ainda permanece.*	*Impacto do risco que ainda permanece.*	*Magnitude do risco residual.*	*Sim ou Não.*
2						
3						

8. Aprovação

―――――――――――――

<Nome do responsável>
Responsável pela elaboração do relatório
Matrícula/SIAPE: xxxxx
<Local>, <dia> de <mês> de <ano>

―――――――――――――

<Nome do responsável>
Encarregado
Matrícula/SIAPE: xxxxx
<Local>, <dia> de <mês> de <ano>

―――――――――――――

<Nome do responsável>
Autoridade representante do controlador
Matrícula/SIAPE: xxxxx
<Local>, <dia> de <mês> de <ano>

―――――――――――――

<Nome do responsável>
Autoridade representante do operador
Matrícula/SIAPE: xxxxx
<Local>, <dia> de <mês> de <ano>

ANEXO II – MODELO DE INVENTÁRIO DE DADOS PESSOAIS[81]

1. Identificação dos serviços / processo de negócio de tratamento de dados pessoais

Nome do serviço/Processo de negócio	*Identificação do serviço/processo*
Nº Referência/ ID	*Identificação do nº de referência*
Data de Criação do Inventário	*Data de criação*
Data Atualização do Inventário	*Data de atualização*
Nome do serviço/ Processo de negócio	*Nome do serviço/processo*

2. Agentes de Tratamento e Encarregado
a. Controlador

Nome	*Identificação do nome*
Endereço	*Identificação do endereço*
CEP	*Identificação do CEP*
Telefone	*Identificação do telefone*
E-mail	*Identificação do e-mail*

b. Encarregado

Nome	*Identificação do nome*
Endereço	*Identificação do endereço*
CEP	*Identificação do CEP*
Telefone	*Identificação do telefone*

| E-mail | *Identificação do e-mail* |

c. Operador

Nome	*Identificação do nome*
Endereço	*Identificação do endereço*
CEP	*Identificação do CEP*
Telefone	*Identificação do telefone*
E-mail	*Identificação do e-mail*

3. Fases do Ciclo de Vida do Tratamento Dados Pessoais

Coleta	*Sim/Não*
Retenção	*Sim/Não*
Processamento	*Sim/Não*
Compartilhamento	*Sim/Não*
Eliminação	*Sim/Não*

4. De que forma (como) os dados pessoais são coletados, retidos/armazenados, processados/usados, compartilhados e eliminados

Descrição do Fluxo do tratamento dos dados pessoais
Descrição detalhada.

5. Escopo e Natureza dos Dados Pessoais

| Abrangência da área geográfica do tratamento | *Identificação da área geográfica* |
| Fonte de dados utilizada para obtenção dos dados pessoais | *Identificação da fonte de dados* |

6. Finalidade do Tratamento de Dados Pessoais

| Hipótese de Tratamento | *Identificação da hipótese de tratamento* |

Finalidade	Descrição da finalidade
Previsão legal	Indicação da previsão legal
Resultados pretendidos para o titular de dados	Enumeração dos resultados pretendidos
Benefícios esperados para o órgão, entidade ou para a sociedade como um todo	Identificação dos benefícios esperados

7. Categoria de Dados Pessoais
a. Dados de Identificação Pessoal

Subcategoria	Descrição	Tempo Retenção dos Dados	Fonte Retenção	Nome Base de Dados
Informações de identificação pessoal	Nome, endereço residência, histórico de endereços anteriores, número de telefone fixo residencial, número celular pessoal, e-mail pessoal, etc.	Informação sobre quanto tempo o dado pessoal será armazenado.	Indicação do local onde o dado pessoal está armazenado/retido.	Indicação do nome da base de dados.
Informações de identificação atribuídas por instituições governamentais	CPF, RG, número do passaporte, número da carteira de motorista, número da placa, número de registro em conselho profissional, etc.	Informação sobre quanto tempo o dado pessoal será armazenado.	Indicação do local onde o dado pessoal está armazenado/retido.	Indicação do nome da base de dados.
Dados de identificação eletrônica	Endereços IP, cookies, momentos	Informação sobre quanto tempo o dado	Indicação do local onde o dado	Indicação do nome da base

	de conexão etc.	pessoal será armazenado.	pessoal está armazenado/retido.	de dados.
Dados de localização eletrônica	*Dados de comunicação de torres de celulares (ex: GSM), dados de GPS etc.*	*Informação sobre quanto tempo o dado pessoal será armazenado.*	*Indicação do local onde o dado pessoal está armazenado/retido.*	*Indicação do nome da base de dados.*

b. Dados Financeiros

Subcategoria	Descrição	Tempo Retenção dos Dados	Fonte Retenção	Nome Base de Dados
Dados de identificação financeira	*Números de identificação, números de contas bancárias, números de cartões de crédito ou débito, códigos secretos.*	*Informação sobre quanto tempo o dado pessoal será armazenado.*	*Indicação do local onde o dado pessoal está armazenado/ retido.*	*Indicação do nome da base de dados.*
Recursos financeiros	*Renda, posses, investimentos, renda total, renda profissional, poupança, datas de início e término dos investimentos, receita de investimento,*	*Informação sobre quanto tempo o dado pessoal será armazenado.*	*Indicação do local onde o dado pessoal está armazenado/ retido.*	*Indicação do nome da base de dados.*

	dívidas sobre ativos.			
Dívidas e despesas	*Total de despesas, aluguel, empréstimos, hipotecas e outras formas de crédito.*	*Informação sobre quanto tempo o dado pessoal será armazenado.*	*Indicação do local onde o dado pessoal está armazenado/ retido.*	*Indicação do nome da base de dados.*
Situação financeira (Solvência)	*Avaliação do rendimento e avaliação de capacidade de pagamento.*	*Informação sobre quanto tempo o dado pessoal será armazenado.*	*Indicação do local onde o dado pessoal está armazenado/ retido.*	*Indicação do nome da base de dados.*
Empréstimos, hipotecas, linhas de crédito	*Natureza do empréstimo, valor emprestado, saldo remanescente, data de início, período do empréstimo, taxa de juros, visão geral do pagamento, detalhes sobre as garantias.*	*Informação sobre quanto tempo o dado pessoal será armazenado.*	*Indicação do local onde o dado pessoal está armazenado/ retido.*	*Indicação do nome da base de dados.*
Assistência financeira	*Benefícios, assistência, bonificações, subsídios, etc.*	*Informação sobre quanto tempo o dado pessoal será armazenado.*	*Indicação do local onde o dado pessoal está armazenado/ retido.*	*Indicação do nome da base de dados.*
Detalhes da apólice	*Natureza da apólice de*	*Informação sobre quanto*	*Indicação do local onde o*	*Indicação do nome*

de seguro	*seguro, detalhes sobre os riscos cobertos, valores segurados, período segurado, data de rescisão, pagamentos feitos, recebidos ou perdidos, situação do contrato, etc.*	*tempo o dado pessoal será armazenado.*	*dado pessoal está armazenado/ retido.*	*da base de dados.*
Detalhes do plano de pensão	*Data efetiva do plano de pensão, natureza do plano, data de término do plano, pagamentos recebidos e efetuados, opções, beneficiários, etc.*	*Informação sobre quanto tempo o dado pessoal será armazenado.*	*Indicação do local onde o dado pessoal está armazenado/ retido.*	*Indicação do nome da base de dados.*
Transações financeiras	*Valores pagos e a pagar pelo titular dos dados, linhas de crédito concedidas, avais, forma de pagamento, visão geral do*	*Informação sobre quanto tempo o dado pessoal será armazenado.*	*Indicação do local onde o dado pessoal está armazenado/ retido.*	*Indicação do nome da base de dados.*

	pagamento, depósitos e outras garantias, etc			
Compensaç ão	*Detalhes sobre compensaçõ es reivindi- cadas, valores pagos ou outros tipos de compensaçã o, etc.*	*Informação sobre quanto tempo o dado pessoal será armazenado.*	*Indicação do local onde o dado pessoal está armazenado/ retido.*	*Indicação do nome da base de dados.*
Atividades profission- ais	*Atividades profission- ais exe- cutadas pelo titular dos dados: natureza da atividade, natureza dos bens ou serviços utilizados ou entregues pela pessoa no registro, relações comerciais, etc.*	*Informação sobre quanto tempo o dado pessoal será armazenado.*	*Indicação do local onde o dado pessoal está ar- mazenado/ retido.*	*Indicação do nome da base de dados.*
Acordos e ajustes	*Detalhes sobre acordos ou ajustes comerciais; acordos sobre rep-*	*Informação sobre quanto tempo o dado pessoal será armazenado.*	*Indicação do local onde o dado pessoal está ar- mazenado/ retido.*	*Indicação do nome da base de dados.*

	resentação ou acordos legais, etc.			
Autorizaçõ es ou con-senti-mentos	*Autorizaçõe s ou consentimentos realizados pelo titular de dados, etc.*	*Informação sobre quanto tempo o dado pessoal será armazenado.*	*Indicação do local onde o dado pessoal está armazenado/ retido.*	*Indicação do nome da base de dados.*

c. Características Pessoais

Subcategoria	Descrição	Tempo Retenção dos Dados	Fonte Retenção	Nome Base de Dados
Detalhes pessoais	*Idade, sexo, data de nascimento, local de nascimento, estado civil, nacionalidade.*	*Informação sobre quanto tempo o dado pessoal será armazenado.*	*Indicação do local onde o dado pessoal está armazenado/retido.*	*Indicação do nome da base de dados.*
Detalhes militares	*Situação militar, patente militar, distinções militares, etc.*	*Informação sobre quanto tempo o dado pessoal será armazenado.*	*Indicação do local onde o dado pessoal está armazenado/retido.*	*Indicação do nome da base de dados.*
Situação de Imigração	*Detalhes sobre o visto, autorização de trabalho, limitações de residência ou movimentação, condições especiais relacionadas à autorização de residência,*	*Informação sobre quanto tempo o dado pessoal será armazenado.*	*Indicação do local onde o dado pessoal está armazenado/retido.*	*Indicação do nome da base de dados.*

	etc.			
Descrição Física	*Altura, peso, cor do cabelo, cor dos olhos, caracter- ísticas dis- tintivas, etc.*	*Informação sobre quanto tempo o dado pessoal será armazenado.*	*Indicação do local onde o dado pessoal está armazen- ado/retido.*	*Indicação do nome da base de dados.*

d. Hábitos Pessoais

Subcate- goria	Descrição	Tempo Re- tenção dos Dados	Fonte Retenção	Nome Base de Dados
Hábitos	*Uso de tabaco, uso de álcool, hábito alimentar, dieta ali- mentar etc.*	*Informação sobre quanto tempo o dado pessoal será armazenado.*	*Indicação do local onde o dado pessoal está armazen- ado/retido.*	*Indicação do nome da base de dados.*
Estilo de vida	*Informações sobre o uso de bens ou serviços, comport- amento dos titulares dos dados, etc.*	*Informação sobre quanto tempo o dado pessoal será armazenado.*	*Indicação do local onde o dado pessoal está armazen- ado/retido.*	*Indicação do nome da base de dados.*
Viagens e desloca- mentos	*Antigas residências e desloca- mentos, visto de viagem, autorizações de trabalho, etc.*	*Informação sobre quanto tempo o dado pessoal será armazenado.*	*Indicação do local onde o dado pessoal está armazen- ado/retido.*	*Indicação do nome da base de dados.*
Contatos sociais	*Amigos, parceiros de negócios, relaciona- mentos com pessoas*	*Informação sobre quanto tempo o dado pessoal será armazenado.*	*Indicação do local onde o dado pessoal está armazen- ado/retido.*	*Indicação do nome da base de dados.*

	que não sejam familiares próximos; etc.			
Posses	*Terra, propriedade ou outros bens.*	*Informação sobre quanto tempo o dado pessoal será armazenado.*	*Indicação do local onde o dado pessoal está armazenado/retido.*	*Indicação do nome da base de dados.*
Denúncias, incidentes ou acidentes	*Informações sobre um acidente, incidente ou denúncia na qual o titular dos dados está envolvido, a natureza dos danos ou ferimentos, pessoas envolvidas, testemunhas , etc.*	*Informação sobre quanto tempo o dado pessoal será armazenado.*	*Indicação do local onde o dado pessoal está armazenado/retido.*	*Indicação do nome da base de dados.*
Distinções	*Distinções civis, administrativas ou militares.*	*Informação sobre quanto tempo o dado pessoal será armazenado.*	*Indicação do local onde o dado pessoal está armazenado/retido.*	*Indicação do nome da base de dados.*
Uso de mídia	*Definição do comportamento de uso de mídias e meios de comunicação.*	*Informação sobre quanto tempo o dado pessoal será armazenado.*	*Indicação do local onde o dado pessoal está armazenado/retido.*	*Indicação do nome da base de dados.*

e. Características Psicológicas

Subcategoria	Descrição	Tempo Retenção dos	Fonte Retenção	Nome Base de

		Dados		Dados
Descrição Psicológica	*Personalidade ou caráter.*	*Informação sobre quanto tempo o dado pessoal será armazenado.*	*Indicação do local onde o dado pessoal está armazenado/retido.*	*Indicação do nome da base de dados.*

f. Composição Familiar

Subcategoria	**Descrição**	**Tempo Retenção dos Dados**	**Fonte Retenção**	**Nome Base de Dados**
Casamento ou forma atual de coabitação	*Nome do cônjuge ou companheiro(a), nome de solteira do cônjuge ou companheira, data do casamento, data do contrato de coabitação, número de filhos, etc.*	*Informação sobre quanto tempo o dado pessoal será armazenado.*	*Indicação do local onde o dado pessoal está armazenado/retido.*	*Indicação do nome da base de dados.*
Histórico conjugal	*Casamentos ou parcerias anteriores, divórcios, separações, nomes de parceiros anteriores.*	*Informação sobre quanto tempo o dado pessoal será armazenado.*	*Indicação do local onde o dado pessoal está armazenado/retido.*	*Indicação do nome da base de dados.*
Familiares ou membros da família	*Detalhes de outros familiares ou membros da família do*	*Informação sobre quanto tempo o dado pessoal será armazenado.*	*Indicação do local onde o dado pessoal está armazenado/retido.*	*Indicação do nome da base de dados.*

	titular de dados.			

g. Interesses de lazer

Subcategoria	Descrição	Tempo Retenção dos Dados	Fonte Retenção	Nome Base de Dados
Atividades e interesses de lazer	*Hobbies, esportes, outros interesses.*	*Informação sobre quanto tempo o dado pessoal será armazenado.*	*Indicação do local onde o dado pessoal está armazenado/retido.*	*Indicação do nome da base de dados.*

h. Associações

Subcategoria	Descrição	Tempo Retenção dos Dados	Fonte Retenção	Nome Base de Dados
Associações (exceto profissionais, políticas, em sindicatos ou qualquer outra associação que se enquadre em dados pessoais sensíveis)	*Participação em organizações de caridade ou benevolentes, clubes, parcerias, organizações, grupos, etc.*	*Informação sobre quanto tempo o dado pessoal será armazenado.*	*Indicação do local onde o dado pessoal está armazenado/retido.*	*Indicação do nome da base de dados.*

i. Processo Judicial/Administrativo/Criminal

Subcategoria	Descrição	Tempo Retenção dos Dados	Fonte Retenção	Nome Base de Dados
Suspeitas	*Suspeitas de violações, conexões conspiratórias com criminosos conhecidos. Inquéritos ou ações*	*Informação sobre quanto tempo o dado pessoal será armazenado.*	*Indicação do local onde o dado pessoal está armazenado/retido.*	*Indicação do nome da base de dados.*

	judiciais (civis ou criminais) empreendidas por ou contra o titular dos dados, etc.			
Condenações e sentenças	*Condenações e sentenças, etc.*	*Informação sobre quanto tempo o dado pessoal será armazenado.*	*Indicação do local onde o dado pessoal está armazenado/retido.*	*Indicação do nome da base de dados.*
Ações judiciais	*Tutela, guarda temporária ou definitiva, interdição, adoção, etc.*	*Informação sobre quanto tempo o dado pessoal será armazenado.*	*Indicação do local onde o dado pessoal está armazenado/retido.*	*Indicação do nome da base de dados.*
Penalidades Administrativas	*Multas, processo disciplinar, advertências, bem como qualquer outro tipo de penalidade ou sanção administrativa prevista em leis, normas e regulamentos.*	*Informação sobre quanto tempo o dado pessoal será armazenado.*	*Indicação do local onde o dado pessoal está armazenado/retido.*	*Indicação do nome da base de dados.*

j. Hábitos de Consumo

Subcategoria	Descrição	Tempo Retenção dos Dados	Fonte Retenção	Nome Base de Dados
Dados de bens e	*Bens e serviços*	*Informação sobre quanto*	*Indicação do local onde o*	*Indicação do nome*

| serviços | vendidos, alugados ou empresta-dos ao titular dos dados. | tempo o dado pessoal será armazenado. | dado pessoal está armazen-ado/retido. | da base de dados. |

k. Dados Residenciais

Subcategoria	Descrição	Tempo Re-tenção dos Dados	Fonte Retenção	Nome Base de Dados
Residência	*Natureza da residência, propriedade própria ou alugada, duração da residên-cia nesse endereço, aluguel, custos, clas-sificação da residência, detalhes sobre a avali-ação, nomes das pessoas que possuem as chaves.*	*Informação sobre quanto tempo o dado pessoal será armazenado.*	*Indicação do local onde o dado pessoal está armazen-ado/retido.*	*Indicação do nome da base de dados.*

l. Educação e Treinamento

Subcategoria	Descrição	Tempo Re-tenção dos Dados	Fonte Retenção	Nome Base de Dados
Dados acadêmicos/ escolares	*Diplomas, certificados obtidos, re-sultados de exames, avaliação do progresso dos*	*Informação sobre quanto tempo o dado pessoal será armazenado.*	*Indicação do local onde o dado pessoal está armazen-ado/retido.*	*Indicação do nome da base de dados.*

	estudos, histórico escolar, grau de formação, etc.			
Registros financeiros do curso/ treinamento	*Taxas de inscrição e custos pagos, financia-mento, formas de pagamento, registros de paga-mento, etc.*	*Informação sobre quanto tempo o dado pessoal será armazenado.*	*Indicação do local onde o dado pessoal está armazen-ado/retido.*	*Indicação do nome da base de dados.*
Qualificação e experiência profissional	*Certificações profissionais, interesses profissionais, interesses acadêmicos, interesses de pesquisam experiência de ensino, etc.*	*Informação sobre quanto tempo o dado pessoal será armazenado.*	*Indicação do local onde o dado pessoal está armazen-ado/retido.*	*Indicação do nome da base de dados.*

m. Profissão e emprego

Subcate-goria	Descrição	Tempo Re-tenção dos Dados	Fonte Retenção	Nome Base de Dados
Emprego atual	*Empregador, descrição do cargo e função, antiguidade, data de re-crutamento, local de trabalho, es-pecialização ou tipo de empresa, modos e*	*Informação sobre quanto tempo o dado pessoal será armazenado.*	*Indicação do local onde o dado pessoal está armazen-ado/retido.*	*Indicação do nome da base de dados.*

	condições de trabalho, cargos anteriores e experiência anterior de trabalho no mesmo empregador, etc.			
Recrutamento	*Data de recrutamento, método de recrutamento, fonte de recrutamento, referências, detalhes relacionados com o período de estágio, etc.*	*Informação sobre quanto tempo o dado pessoal será armazenado.*	*Indicação do local onde o dado pessoal está armazenado/retido.*	*Indicação do nome da base de dados.*
Rescisão de trabalho	*Data de rescisão, motivo, período de notificação, condições de rescisão, etc.*	*Informação sobre quanto tempo o dado pessoal será armazenado.*	*Indicação do local onde o dado pessoal está armazenado/retido.*	*Indicação do nome da base de dados.*
Carreira	*Emprego anterior e empregadores, períodos sem emprego, serviço militar, etc.*	*Informação sobre quanto tempo o dado pessoal será armazenado.*	*Indicação do local onde o dado pessoal está armazenado/retido.*	*Indicação do nome da base de dados.*
Absentismo e disciplina	*Registos de absentismo, motivos de ausência, medidas disciplinares, etc.*	*Informação sobre quanto tempo o dado pessoal será armazenado.*	*Indicação do local onde o dado pessoal está armazenado/retido.*	*Indicação do nome da base de dados.*

| Avaliação de Desempenho | Avaliação de desempenho ou qualquer outro tipo de análise de qualificação ou habilidades profissionais, etc. | Informação sobre quanto tempo o dado pessoal será armazenado. | Indicação do local onde o dado pessoal está armazenado/retido. | Indicação do nome da base de dados. |

n. Registros/gravações de vídeo, imagem e voz

Subcategoria	Descrição	Tempo Retenção dos Dados	Fonte Retenção	Nome Base de Dados
Vídeo e imagem	Arquivos de vídeos, fotos digitais, fitas de vídeo, etc.	Informação sobre quanto tempo o dado pessoal será armazenado	Indicação do local onde o dado pessoal está armazenado/retido.	Indicação do nome da base de dados.
Imagem de Vigilância	Imagens e/ou vídeos de câmeras de segurança/vigilância (ex: CFTV), etc.	Informação sobre quanto tempo o dado pessoal será armazenado	Indicação do local onde o dado pessoal está armazenado/retido.	Indicação do nome da base de dados.
Voz	Fitas e arquivos digitais de voz, bem como outros registros de gravações de voz, etc.	Informação sobre quanto tempo o dado pessoal será armazenado.	Indicação do local onde o dado pessoal está armazenado/retido.	Indicação do nome da base de dados.

o. Outros (Especificar)

Subcategoria	Descrição	Tempo Retenção dos Dados	Fonte Retenção	Nome Base de Dados

Outros (Especificar)	Outras categorias e subcategorias que forem necessárias.	Informação sobre quanto tempo o dado pessoal será armazenado.	Indicação do local onde o dado pessoal está armazenado/retido.	Indicação do nome da base de dados.

8. Categorias de Dados Pessoais Sensíveis

Subcategoria	Descrição	Tempo Retenção dos Dados	Fonte Retenção	Nome Base de Dados
Dados que revelam origem racial ou ética	Dados que revelam origem racial ou ética.	Informação sobre quanto tempo o dado pessoal será armazenado.	Indicação do local onde o dado pessoal está armazenado/retido.	Indicação do nome da base de dados.
Dados que revelam convicção religiosa	Dados que revelam convicção religiosa.	Informação sobre quanto tempo o dado pessoal será armazenado.	Indicação do local onde o dado pessoal está armazenado/retido.	Indicação do nome da base de dados.
Dados que revelam opinião política	Dados que revelam opinião política.	Informação sobre quanto tempo o dado pessoal será armazenado.	Indicação do local onde o dado pessoal está armazenado/retido.	Indicação do nome da base de dados.
Dados que revelam filiação a sindicato	Dados que revelam filiação a sindicato.	Informação sobre quanto tempo o dado pessoal será armazenado.	Indicação do local onde o dado pessoal está armazenado/retido.	Indicação do nome da base de dados.
Dados que revelam filiação a organização de caráter religioso	Dados que revelam filiação a organização de caráter religioso.	Informação sobre quanto tempo o dado pessoal será armazenado.	Indicação do local onde o dado pessoal está armazenado/retido.	Indicação do nome da base de dados.

Dados que revelam filiação ou crença filosófica	*Dados que revelam filiação ou crença filosófica.*	*Informação sobre quanto tempo o dado pessoal será armazenado.*	*Indicação do local onde o dado pessoal está armazenado/retido.*	*Indicação do nome da base de dados.*
Dados que revelam filiação ou preferên-cias política	*Dados que revelam filiação ou preferên-cias política.*	*Informação sobre quanto tempo o dado pessoal será armazenado.*	*Indicação do local onde o dado pessoal está armazenado/retido.*	*Indicação do nome da base de dados.*
Dados referentes à saúde ou à vida sexual	*Dados referentes à saúde ou à vida sexual.*	*Informação sobre quanto tempo o dado pessoal será armazenado.*	*Indicação do local onde o dado pessoal está armazenado/retido.*	*Indicação do nome da base de dados.*
Dados genéticos	*Dados genéticos.*	*Informação sobre quanto tempo o dado pessoal será armazenado.*	*Indicação do local onde o dado pessoal está armazenado/retido.*	*Indicação do nome da base de dados.*
Dados biomé-tricos	*Dados biomé-tricos.*	*Informação sobre quanto tempo o dado pessoal será armazenado.*	*Indicação do local onde o dado pessoal está armazenado/retido.*	*Indicação do nome da base de dados.*

9. Frequência e totalização das categorias de dados pessoais tratados

Frequência de tratamento dos dados pessoais	*Disponibilidade e horário de funcionamento do sistema automatizado ou processo manual que trata os dados pessoais.*
Quantidade de dados pessoais e dados pessoais sensíveis tratados	*Indicar quantificação de dados tratados.*

10. Categorias dos titulares de dados pessoais

Categorias	**Tipo de Categoria**	**Descrição**

Categoria 1	*Indicar papel desempenhado pelo titular.*	*Indicação de informações complementares, detalhando a categoria do titular dos dados pessoais.*
Categoria 2	*Indicar papel desempenhado pelo titular.*	*Indicação de informações complementares, detalhando a categoria do titular dos dados pessoais.*
Trata dados de crianças e adolescentes	*Sim/Não.*	*Indicação de informações complementares, detalhando a categoria do titular dos dados pessoais.*
Além de crianças e adolescente trata dados de outro grupo vulnerável	*Sim/Não.*	*Indicação de informações complementares, detalhando a categoria do titular dos dados pessoais.*

11. Compartilhamento de Dados Pessoais

Nome da Instituição	Dados pessoais compartilhados	Finalidade do compartilhamento
Nome da Instituição 1	*Indicação de quais dados foram compartilhados.*	*Indicação das razões do compartilhamento.*
Nome da Instituição 2	*Indicação de quais dados foram compartilhados.*	*Indicação das razões do compartilhamento.*
Nome da Instituição 3	*Indicação de quais dados foram compartilhados.*	*Indicação das razões do compartilhamento.*
Nome da Instituição 4	*Indicação de quais dados foram compartilhados.*	*Indicação das razões do compartilhamento.*

12. Medidas de Segurança/Privacidade

Medida de Segurança/ Privacidade	Tipo de medida de segurança e privacidade	Descrição do(s) Controle(s)
Medida de Segurança/ Privacidade 1	*Indicação da categorização da medida.*	*Descrição do(s) controle(s) específico(s) adotado(s) para a medida de segurança/privacidade.*
Medida de Segurança/ Privacidade 2	*Indicação da categorização da medida.*	*Descrição do(s) controle(s) específico(s) adotado(s) para a medida de segurança/privacidade.*
Medida de Segurança/ Privacidade 3	*Indicação da categorização da medida.*	*Descrição do(s) controle(s) específico(s) adotado(s) para a medida de segurança/privacidade.*

13. Transferência Internacional de Dados Pessoais

Organização	País	Dados pessoais transferidos	Tipo de garantia para transferência
Organização 1	*País da organização 1.*	*Dados transferidos.*	*Garantias conforme previsão do art. 34, V.*
Organização 2	*País da organização 2.*	*Dados transferidos.*	*Garantias conforme previsão do art. 34, V.*
Organização 3	*País da organização 3.*	*Dados transferidos.*	*Garantias conforme previsão do art. 34, V.*

14. Contrato(s) de serviços e/ou soluções de TI que trata(m) dados pessoais do serviço/processo de negócio

Nº do contrato	Nº Processo Contratação	Objeto do Contrato	E-mail do Gestor do Contrato
Contrato nº 1	*Nº do processo do contrato 1.*	*Objeto do contrato 1.*	*E-mail do Gestor do Contrato 1.*
Contrato nº 2	*Nº do processo do contrato 2.*	*Objeto do contrato 2.*	*E-mail do Gestor do Contrato 2.*

15. Aprovação

____

<Nome do responsável>
Autoridade representante do controlador
Matrícula/SIAPE: xxxxx
<Local>, <dia> de <mês> de <ano>

____

<Nome do responsável>
Autoridade representante do operador
Matrícula/SIAPE: xxxxx
<Local>, <dia> de <mês> de <ano>

ANEXO III – MODELO DE FORMULÁRIO DE COMUNICAÇÃO DE INCIDENTE DE SEGURANÇA COM DADOS PESSOAIS À AUTORIDADE NACIONAL DE PROTEÇÃO DE DADOS (ANPD)[82]

1. Comunicação

Tipo de comunicação	*Completa/Parcial.*
Para comunicação parcial	*Preliminar/ Complementar/N.A.*
Critério para a comunicação	*O incidente de segurança pode acarretar risco ou dano relevante aos titulares/ Não tenho certeza sobre o nível de risco do incidente de*

	segurança.

2. Agente de tratamento

O notificante é	*Controlador/ Operador/N.A.*
Se operador, informar se já houve comunicação ao controlador	*Sim/Não.*
Número do CPF ou CNPJ	*CPF/CNPJ.*
Nome ou Razão Social	*Nome/Razão Social.*
Natureza da Organização	*Pública/Privada.*
Endereço	*Endereço.*
Cidade	*Cidade.*
Estado	*Estado.*
CEP	*CEP.*
Telefone	*Telefone.*
E-mail	*E-mail.*
Nome do notificante	*Nome do notificante.*
E-mail do notificante	*E-mail do notificante.*
Telefone do notificante	*Telefone do notificante.*
Nome do encarregado	*Nome do encarregado.*
E-mail do encarregado	*E-mail do encarregado.*
Telefone do encarregado	*Telefone do encarregado.*

3. Incidente de segurança

Descreva de forma resumida como o incidente de segurança com dados pessoais ocorreu	*Descrição.*
Quando o incidente ocorreu?	*Data e hora./Não tenho conhecimento. [justifique]/Não tenho certeza. [justifique]*
Quando a organização teve ciência do incidente de segurança?	*Data e hora.*
Descreva como a organização teve ciência do incidente de segurança.	*Resposta.*
Se a comunicação inicial do incidente não foi comunicada no prazo sugerido de 2 dias úteis	*Resposta.*

após ter tomado ciência do incidente, justifique os motivos.	
Se o incidente não foi comunicado de forma imediata após a sua ciência, justifique os motivos da demora.	*Resposta.*
Qual a natureza dos dados afetados?	*Origem racial ou étnica./ Convicção religiosa./ Opinião política./ Filiação a sindicato./ Filiação a organização de caráter religioso, filosófico ou político./ Dado referente à saúde./ Dado referente à vida sexual./ Dado genético ou biométrico./ Dado de comprovação de identidade oficial (Por exemplo, nº RG, CPF, CNH)./ Dado financeiro./ Nomes de usuário ou senhas de sistemas de informação./ Dado de geolocalização./ Outros [especifique].*
Qual a quantidade de titulares afetados?	*Resposta.*
Qual a categoria dos titulares afetados?	*Funcionários/ Prestadores de serviço/ Clientes/ Consumidores/ Usuários/ Pacientes de serviço de saúde/ Crianças ou adolescentes/Outros [especifique].*

4. Medidas de segurança utilizadas para a proteção dos dados

Quais medidas de segurança, técnicas e administrativas, foram tomadas para prevenir a ocorrência do incidente de segurança?	*Resposta.*
Quais medidas de segurança, técnicas e administrativas, foram tomadas após a ciência do incidente de segurança?	*Resposta.*
Quais medidas de segurança, técnicas e administrativas, foram	*Resposta.*

ou serão adotadas para reverter ou mitigar os efeitos do prejuízo do incidente de segurança aos titulares dos dados?	
O agente de tratamento realizou relatório de impacto à proteção de dados pessoais?	*Resposta.*

5. Riscos relacionados ao incidente de segurança

Quais as prováveis consequências do incidente de segurança para os titulares afetados?	*Resposta.*
Considerando os titulares afetados, na sua avaliação, o incidente pode trazer consequências transfronteiriças?	*Resposta.*

6. Comunicação aos titulares de dados

Os titulares foram comunicados sobre o incidente de segurança com dados pessoais?	*Sim/Não/Não sei.*
Forneça detalhes.	*Resposta.*
Caso os titulares afetados não tenham sido informados, quais são os motivos que justificam a não comunicação ou o seu retardo?	*Resposta.*

---

[1] ELMASRI, Ramez; NAVATHE, Shamkant B. Sistemas de banco de dados. São Paulo: Pearson Addison Wesley, 2005, p. 3.

[2] SILVA, José Afonso. Curso de direito constitucional positivo. 33. ed. São Paulo: Malheiros, 2010, p. 235.

[3] MENDES, Gilmar Ferreira; BRANCO, Paulo Gustavo Gonet. Curso de direito constitucional. 7. ed. rev. e atual. – São Paulo: Saraiva, 2012, p. 409.

[4] Idem, p 409.

[5] FIGUEIREDO, Leonardo Vizeu. Lições de Direito Econômico. 5. ed. Rio de Janeiro: Forense, 2012, p. 63.

[6] SARLET, Ingo Wolfgang. A eficácia dos direitos fundamentais: uma teoria geral dos direitos fundamentais na perspectiva constitu-

cional. 11. ed. Livraria do Advogado editora, 2012, p. 18.

[7] ALEXY, Robert. Colisão de direitos fundamentais e realização de direitos fundamentais no estado de direito democrático. Revista da Faculdade de Direito, n. 17, 1999, p. 269.

[8] SPIECKER, Indra. O direito à proteção de dados na internet em caso de colisão. Revista Brasileira de Direitos Fundamentais & Justiça, v. 12, n. 38, 2018, p. 26.

[9] MENEZES, Joyceane Bezerra de; COLAÇO, Hian Silva. Quando a lei geral de proteção de dados não se aplica. TEPEDINO, Gustavo; FRAZÃO, Ana; OLIVA, Milena Donato (Coords.) Lei geral de proteção de dados pessoais e suas repercussões no direito brasileiro. São Paulo: Thomson Reuters Brasil, p. 157-197, 2019.

[10] Idem.

[11] Idem.

[12] Idem.

[13] Idem.

[14] ALEXY, Robert. Colisão de direitos fundamentais e realização de direitos fundamentais no estado de direito democrático. Revista da Faculdade de Direito, n. 17, 1999, p. 271.

[15] VINEY, Geneviève. Les obligations. La responsabilité: conditions. In J. Ghestin (dir.), Traité de droit civil. Paris: LGDJ, 1982.

[16] SUNDFELD, Carlos Ari. Direito administrativo para céticos. São Paulo: Malheiros, 2012, p. 60-61.

[17] NOBRE JÚNIOR, Edilson Pereira. As normas de direito público na Lei de Introdução ao Direito Brasileiro–Paradigmas para interpretação e aplicação do direito administrativo. São Paulo: Contracorrente, 2019, p. 50.

[18] MACIEL, Rafael Fernandes. Manual prático sobre a Lei Geral de Proteção de Dados Pessoais: Atualizado com a Medida Provisória nº 869/18. Goiânia: RM Digital Education, 2019, p. 33.

[19] ARTICLE 29 WORKING PARTY. Opinion 06/2014 on the notion of legitimate interests of the data controller under Article 7 of Directive 95/46/EC. Disponível em: https://ec.europa.eu/justice/article-29/documentation/opinion-recommendation. Acesso em: 26/07/2021, p. 24.

[20] DE TEFFÉ, Chiara Spadaccini; VIOLA, Mario. Tratamento de dados pessoais na LGPD: estudo sobre as bases legais. Civilistica. com, v. 9, n. 1, p. 1-38, 2020, p. 15.

[21] DE TEFFÉ, Chiara Spadaccini; VIOLA, Mario. Tratamento de dados pessoais na LGPD: estudo sobre as bases legais. Civilistica. com, v. 9, n. 1, p. 1-38, 2020, p. 15-16.

[22] COUNCIL OF EUROPE. Handbook on European data protection law. Luxemburgo: Publications Office of the Europe Union, 2018. Disponível em: http://bit.ly/3OOT26d. Acesso em: 11 mai. 2021.

[23] Idem.

[24] Idem.

[25] BIONI, Bruno Ricardo. Compreendendo o conceito de anonimização e dado anonimizado. Cadernos Jurídicos–Direito digital e proteção de dados pessoais. São Paulo: Escola Paulista de Magistratura, ano, v. 21, 2020.

[26] ALBUQUERQUE, Eduardo da Motta; SOUZA, Sara Gonçalves Antunes de; BAESSA, Adriano Ricardo. Pesquisa e inovação em saúde: uma discussão a partir da literatura sobre economia da tecnologia. Ciência & Saúde Coletiva, v. 9, p. 277-294, 2004.

[27] BIONI, Bruno Ricardo. Compreendendo o conceito de anonimização e dado anonimizado. Cadernos Jurídicos–Direito digital e proteção de dados pessoais. São Paulo: Escola Paulista de Magistratura, ano, v. 21, 2020, p. 191.

[28] ARTICLE 29 WORKING PARTY. Opinion 05/2014 on Anonymisation Techniques. Disponível em: https://ec.europa.eu/justice/article-29/documentation/opinion-recommendation. Acesso em: 14/05/2021, p. 20-21.

[29] NUCCI, Guilherme de Souza. Estatuto da Criança e do Adolescente Comentado. rev., atual. e ampl. Rio de Janeiro: Forense, 2018.

[30] MORESI, Eduardo Amadeu Dutra. Delineando o valor do sistema de informação de uma organização. Ciência da informação, v. 29, n. 1, p. 14-24, 2000.

[31] LIMA, Taisa Maria Macena de; SÁ, Maria de Fátima Freire de. Inteligência artificial e Lei Geral de Proteção de Dados Pessoais: o direito à explicação nas decisões automatizadas. Revista Brasileira de Direito Civil – RBDCivil, Belo Horizonte, v. 26, p. 227-246, out./dez. 2020.

[32] MORAES, Camila Miranda de. Processo judicial eletrônico na justiça do trabalho: implementação e possibilidades. Processo Judicial Eletrônico, ano IX, n. 90, 2020, p. 73.

[33] OLIVA, Milena Donato; VIÉGAS, Francisco de Assis. Tratamento de dados para a concessão de crédito. TEPEDINO, Gustavo; FRAZÃO,

Ana; OLIVA, Milena Donato. Lei Geral de Proteção de Dados Pessoais e sua repercussão no direito brasileiro. São Paulo: Ed. RT, p. 566, 2019.

[34] BIONI, Bruno Ricardo; MENDES, Laura Schertel. Regulamento europeu de proteção de dados pessoais e a lei geral brasileira de proteção de dados: mapeando divergências na direção de um nível de equivalência. In: TEPEDINO, Gustavo; FRAZÃO, Ana; OLIVA, Milena Donato (Coords.) Lei geral de proteção de dados pessoais e suas repercussões no direito brasileiro. São Paulo: Thomson Reuters Brasil, 2019. p. 797-819. cit. p. 807-808. ISBN 9788855321663-5.

[35] ROQUE, André. A tutela coletiva dos dados pessoais na lei geral de proteção de dados pessoais (LGPD). Revista Eletrônica de Direito Processual, v. 20, n. 2, 2019, p. 11-13.

[36] MELLO, Celso Antônio Bandeira de. **Curso de direito administrativo**. 28ª ed. São Paulo: Malheiros, 2011, p. 385.

[37] ARAGÃO, Alexandre Santos de. Considerações sobre as relações do Estado e do Direito na economia. Revista Eletrônica de Direito do Estado (REDE), Salvador, Instituto Brasileiro de Direito Público, nº 49, janeiro/fevereiro/março de 2017. Disponível em: <http://www.direitodoestado.com/revista/REDE-49-MARCO-2017-ALEXANDRE-ARAGAO.pdf>. Acesso em: 26/05/2021, p. 1-6.

[38] SOARES, Delfina de Sá; AMARAL, Luis. Reflections on the concept of interoperability in information systems. In Proceedings of the 16th International Conference on Enterprise Information Systems, Vol. 1. SCITEPRESS–Science and Technology Publications, 2014, p. 185.

[39] SANTOS, Ernani Marques dos. Desenvolvimento e implementação de padrões de interoperabilidade em governo eletrônico no Brasil. 2008. Tese de Doutorado. Universidade de São Paulo, p. 42.

[40] ELMASRI, Ramez; NAVATHE, Shamkant B. Sistemas de banco de dados. São Paulo: Pearson Addison Wesley, 2005, p. 32.

[41] DI PIETRO, M. S. Z. Direito regulatório. Temas polêmicos., Fórum, Belo Horizonte, 2004, p. 49.

[42] FIGUEIREDO, M. As Agências Reguladoras: O Estado Democrático de Direito no Brasil e sua Atividade Normativa. São Paulo: Malheiros Editores, 2005, p. 269.

[43] GUERRA, Sérgio. Discricionariedade, regulação e reflexividade: uma nova teoria sobre as escolhas administrativas. 4. ed. Belo Horizonte: Fórum, 2017, p. 218.

[44] MELLO, Celso Antônio Bandeira de. Curso de direito administrativo. 28ª ed. São Paulo: Malheiros, 2011, p. 72.

[45] BRASIL. Guia de boas práticas: Lei Geral de Proteção de Dados (LGPD), 2020. Disponível em: <https://www.gov.br/governodigital/pt-br/governanca-de-dados/GuiaLGPD.pdf>. Acesso em: 01/06/2021.

[46] KUNER, Christopher. Reality and Illusion in EU Data Transfer Regulation Post Schrems. Paper NO. 14/2016. University of Cambridge Faculty of Law Legal Studies, 2016, p. 3.

[47] Idem, p. 6-24.

[48] Idem, p. 10-14.

[49] Um exemplo importante é a Decisão de Execução (UE) 2021/914 da Comissão de 4 de junho de 2021 relativa às cláusulas contratuais-tipo aplicáveis à transferência de dados pessoais para países terceiros nos termos do Regulamento (UE) 2016/679 do Parlamento Europeu e do Conselho, disponível em: https://op.europa.eu/en/publication-detail/-/publication/55862dbf-c72b-11eb-a925-01aa75ed71a1

[50] ARTICLE 29 WORKING PARTY. Statement of the Article 29 Working Party on the Consequences of the Schrems Judgment. Disponível em: https://ec.europa.eu/justice/article-29/press-material/press-release/index_en.htm. Acesso em: 24/06/2021, p. 1.

[51] AUTORIDADE NACIONAL DE PROTEÇÃO DE DADOS. Guia Orientativo para Definições dos Agentes de Tratamento de Dados Pessoais e do Encarregado. Brasília: ANPD, 2021. Disponível em: <https://www.gov.br/anpd/pt-br/assuntos/noticias/anpd-publica-guia-orientativo-sobre-agentes-de-tratamento-e-encarregado>. Acesso em: 02/06/2021, p. 8.

[52] AUTORIDADE NACIONAL DE PROTEÇÃO DE DADOS. Guia Orientativo para Definições dos Agentes de Tratamento de Dados Pessoais e do Encarregado. Brasília: ANPD, 2021. Disponível em: <https://www.gov.br/anpd/pt-br/assuntos/noticias/anpd-publica-guia-orientativo-sobre-agentes-de-tratamento-e-encarregado>. Acesso em: 02/06/2021, p. 10.

[53] AUTORIDADE NACIONAL DE PROTEÇÃO DE DADOS. Guia Orientativo para Definições dos Agentes de Tratamento de Dados Pessoais e do Encarre-

gado. Brasília: ANPD, 2021. Disponível em: <https://www.gov.br/anpd/pt-br/assuntos/noticias/anpd-publica-guia-orientativo-sobre-agentes-de-tratamento-e-encarregado>. Acesso em: 02/06/2021, p. 19.

[54] BRASIL. Guia de Elaboração de Inventário de Dados Pessoais. V. 1.1. Brasília, 2021. Disponível em: < https://www.gov.br/governo-digital/pt-br/governanca-de-dados/guias-operacionais-para-adequacao-a-lgpd>. Acesso em: 09/06/2021, p. 6.

[55] AUTORIDADE NACIONAL DE PROTEÇÃO DE DADOS. Guia Orientativo para Definições dos Agentes de Tratamento de Dados Pessoais e do Encarregado. Brasília: ANPD, 2021. Disponível em: <https://www.gov.br/anpd/pt-br/assuntos/noticias/anpd-publica-guia-orientativo-sobre-agentes-de-tratamento-e-encarregado>. Acesso em: 02/06/2021, p. 22.

[56] Idem.

[57] AgInt no REsp 1828271/RS, j. 18.02.2020.

[58] Súmula nº 403.

[59] RESp 1811531/RS, j. 14.04.2020.

[60] AgInt no AREsp 1427621/RJ, j. 20.04.2020.

[61] Nesse sentido, Sentença no Procedimento Comum Cível - Proteção de dados pessoais (LGPD) nº 1003595-07.2021.8.26.0405, 2ª Vara Cível de São Paulo, TJSP, 08 de julho de 2021, entre outras.

[62] BIONI, Bruno; DIAS, Daniel. Responsabilidade civil na proteção de dados pessoais: construindo pontes entre a Lei Geral de Proteção de Dados Pessoais e o Código de Defesa do Consumidor. civilistica. com, v. 9, n. 3, 2020, p. 5.

[63] STALLINGS, William. Criptografia e segurança de redes: princípios e práticas. 6. ed. – São Paulo: Pearson Education do Brasil, 2015, p. 21.

[64] CAVOUKIAN, Ann. Privacy by Design. The 7 foundational principles: implementation and mapping of fair information practices. Internet Architecture Board, 2011. Disponível em: https://iab.org/wp-content/IAB-uploads/2011/03/fred_carter.pdf. Acesso em: 15 jul. 2021, p. 2-5.

[65] CICHONSKI, Paul et al. Computer security incident handling guide. NIST Special Publication, v. 800, n. 61, 2012, p. 10-11.

[66] KELSEN, Hans. Teoria Geral do Direito e do Estado. São Paulo:

Martins Fontes, 2005.

[67] PASUKANIS, Eugeny Bronislanovich. Teoria geral do direito e marxismo. Rio de Janeiro, Renovar, 1989.

[68] HABERMAS, Jürgen. Técnica e ciência como" ideologia". Lisboa: Edições 70, 2006.

[69] REALE, Miguel. Filosofia do direito. Saraiva, 1969.

[70] JORDÃO, Eduardo; RIBEIRO, Maurício Portugal. Como desestruturar uma agência reguladora em passos simples. REI-REVISTA ESTUDOS INSTITUCIONAIS, v. 3, n. 1, p. 180-209, 2017.

[71] PAULA, Felipe De; NAEGELE, Vitor Rabelo. Há vício de iniciativa na criação da Autoridade Nacional de Proteção de Dados? Disponível em: https://www.jota.info/tributos-e-empresas/regulacao/ha-vicio-de-iniciativa-na-criacao-da-autoridade-nacional-de-protecao-de-dados-26072018. Acesso em: 24/06/2021.

[72] FRANÇA, Vladimir da Rocha. Vinculação e discricionariedade nos atos administrativos. Revista de Direito Administrativo. Rio de Janeiro: Renovar, n. 222, 2000, p. 114-115.

[73] NOBRE JÚNIOR, Edilson Pereira. Há uma discricionariedade técnica? Revista do Programa de Pós-Graduação em Direito da UFBA, v. 26, n. 28, 2016, p. 134.

[74] JORDÃO, Eduardo; RIBEIRO, Maurício Portugal. Como desestruturar uma agência reguladora em passos simples. REI-Revista Estudos Institucionais, v. 3, n. 1, 2017, p. 183.

[75] BRASIL. Manual de Processo Administrativo Disciplinar. Distrito Federal: Controladoria Geral da União, 2019. Disponível em: <https://repositorio.cgu.gov.br/handle/1/42052>. Acesso em: 29/06/2021, p. 304.

[76] Idem, p. 98.

[77] SILVA, José Afonso. Curso de direito constitucional positivo. 33. ed. São Paulo: Malheiros, 2010, p. 496.

[78] ABRAHAM, Marcus. Curso de direito financeiro brasileiro. 6. ed. Rio de Janeiro: Forense, 2021.

[79] BRASIL. Convênios e outros repasses / Tribunal de Contas da União. – 6ª. ed. – Brasília: Secretaria-Geral de Controle Externo, 2016. Disponível em: <https://portal.tcu.gov.br/biblioteca-digital/convenios-e-outros-repasses-6-edicao-inclui-errata.htm>. Acesso em: 13/07/2021, p. 12.

[80] BRASIL. Guia de boas práticas: Lei Geral de Proteção

de Dados (LGPD), 2020. Disponível em: <https://www.gov.br/governodigital/pt-br/governanca-de-dados/GuiaLGPD.pdf>. Acesso em: 01/06/2021.

[81] BRASIL. Guia de Elaboração de Inventário de Dados Pessoais. V. 1.1. Brasília, 2021. Disponível em: <https://www.gov.br/governodigital/pt-br/governanca-de-dados/guias-operacionais-para-adequacao-a-lgpd>. Acesso em: 09/06/2021.

[82] Conforme orientação da ANPD, disponível em: https://www.gov.br/anpd/pt-br/assuntos/incidente-de-seguranca.

9 7 9 8 7 7 4 5 4 0 2 0 4